改訂新版

日本語 → ドイツ語

口^{くち}を鍛えるドイツ語作文

—応用文型習得メソッド— 中・上級編

橋本政義 著

コスモピア

はじめに

　「中・上級の作文のテキストがほしい！」という熱心な読者の皆様のご要望にお応えして、本書を執筆してから10年。今回、「改訂新版」という形で新しく生まれ変わりました。

　コンセプトは「応用文型」の習得です。

　リニューアルしたポイントは次の2点です。

1. **例文を全て見直し、部分的により現代的で、新しい内容に変更しました。**
2. **SNSやAI、あるいはゲームなどの新しい要素を追加し、思わず作文したくなるような例文にしました。**

　構造の上でも、そして意味の上でも、文の要となるのは動詞です。まず動詞を中心にした「基本文型」を確認し、それに冠飾句や機能動詞構造を加えた「応用文型」を確立させて、さらにそれを従属の接続詞や関係代名詞を用いて拡大していくスキルを身につけてい

ただきたいと思います。

　また本書は、75の全てのレッスンで詳細な文法の説明をつけていますので、中級ドイツ語の文法の習得にも役立つはずです。

　ドイツ語の中級、あるいはそれ以上の力を身につけるにはどうすればよいか？　そして独検やゲーテ・インスティトゥートの検定試験に合格するには何を勉強すればよいか？　―　これは、ドイツ語をひととおり学び、さらに飛躍をめざす熱心なドイツ語学習者の共通の悩みです。

　本書により、ドイツ語に挑戦を続ける皆さんが、満足感と達成感を味わってくださることを、願ってやみません。

　Viel Spaß！楽しんでください！
　そしてViel Erfolg！　ご成功をお祈りします！

2023年8月
橋本政義

Part 1 ドイツ語の基本文型を確認しよう

Part6 役に立つ重要な表現を身につけよう

Part **7** 副文による 文の拡大

（2）副文における配語

【付 録】

本書コンセプトの紹介

本書は、次の 3 点をねらいとしています。

---

① 動詞を中心とした基本文型を確認した上で、中・上級レベルのドイツ語の作文にチャレンジする。
② 日本語からドイツ語へ変換するトレーニングによりスピーキング能力を鍛え、ドイツ語的発想能力を身につける。
③ 実用性の高い中・上級レベルの単語約 450 語を、600 例文の中で習得する。

● Part 1　基本文型

　文がどんなに複雑で長くなっても、やはり基本となる構造は基本文型ですから、 Part 1（初めの 13 課）では基本文型の復習を兼ねて、いくぶん長く複雑な文を作る練習をしてもらうことにしました。

　ここで基本となる文型を確実に頭に入れ、次の Part に進むようにしてください。

　そのあとは、ドイツ語の中級の文法事項を余すところなく取り入れ、また役に立つ重要な表現も数多く加えて、ドイツ語作文のスキルアップが図れるようにしました。また、諸種の検定試験の

受験にも役立つような、実用的で実際的なドイツ語文を作る練習もできるようになっています。

● Part 2　主語の設定の仕方

　その代表的な例の1つがPart 2です。「主語の設定」と銘打って、ドイツ語作文をする上で大きなネックの1つになっている、日本語とドイツ語の表現における主語の表し方の違いについて、理解を深めてもらうようにしました。

　比喩表現の豊かなドイツ語においては、無生物が文の主語としてひんぱんに登場します。

　主語が人間で、しかも1人称であることの多い日本語と比べると、表現の上で大きく違っていることが分かります。たとえば次の文をドイツ語ではどう表現したらいいでしょうか？

「ご親切にありがとうございます」

―もちろん日常会話では、

Vielen Dank!

でいいのですが、文の最小限の成分が主語と述語であることを考えて作文すれば、

Haben Sie vielen Dank für Ihre Freundlichkeit!

となるでしょう。また「1週間後にお返事を差し上げます」という日本語の表現においては、あえて主語と目的語を入れるとすると、「私は」「あなたに」となるでしょうか？

　しかしこの場合ドイツ語では、

Sie erhalten unsere Antwort in einer Woche.

と、主語の置き方が日本語と違ってしまうのです。本書のモットーでもあるドイツ語的発想能力を、ここで鍛えてもらいたいと思います。

● Part 3　注意すべき前置詞の用法

　Part 3 では、前置詞の活躍について、知識を深めてもらいます。名詞的な構造の多いドイツ語においては、語と語を結びつけ、相互の関係を示す働きをする前置詞を正しく理解することが、非常に重要です。前置詞が動詞や形容詞、そして名詞と結びついて熟語のようになった表現もたくさんあります。同じ verstehen という動詞でも、結びつく前置詞によって、意味はずいぶんと違ってきます。

　たとえば、

sich mit 3格 **verstehen** なら「3格と仲がよい」

sich auf 4格 **verstehen** なら「4格に詳しい」

といったぐあいです。

　また「特別な意味を持つ前置詞」もあり、これらは空間的な意味の前置詞とは全く意味を異にするものです。

Man erkennt ihn am Gang.「歩き方で彼が分かる」

　これらの前置詞には名前がつけられていて、この例文の an は「手掛かりの **an**」と呼ばれています。

● Part 4　重要な格支配について

　Part 4 では、動詞や形容詞の重要な格支配について練習します。これらは日本語に当てはめて日本語の訳から考えるものではなく、ドイツ語の格支配という文法の規則に基づいて決められたものであることを理解しなければなりません。この格支配という概念は、正しいドイツ語作文のために、十分に習熟する必要のある大事なものです。全ての単語は、**気まぐれに存在するものではなく、しかるべき理由があって、その形でその場所に存在する**ものなのです。

● Part 5　形容詞と数詞の用法

　Part 5 では、文を作る上で欠かせないニュアンスと奥深さを提供してくれる、形容詞の用法について練習します。付加語的用法のみ可能な形容詞もあれば、述語的にしか使えない形容詞もあります。また重要な比較の用法や数詞の特徴的な用法についても練習します。

● Part 6　役に立つ重要な表現

　Part 6 では、様々な役に立つ重要な表現を練習します。その代表格は、冠飾句と機能動詞構造です。ドイツ語の表現を、簡潔でありながら格調高いものにしているのが、これらの構造なのです。英語ですと関係代名詞を用いてしか表現できない場合でも、ドイツ語では冠飾句による表現が可能です。例えば「熱心にドイツ語を学んでいる学生たち」は関係代名詞を使えば、

die Studenten, die fleißig Deutsch lernen

となりますが、冠飾句を使って、

die fleißig Deutsch lernenden Studenten

とすることも可能なのです。

　また、お礼やお詫びの言い方やあいづちや呼びかけの表現など、

なかなか作文することが難しい、重要なドイツ語の会話的表現についても、ここで練習します。

● Part 7　副文による文の拡大

　最後の Part 7 では、副文によって文をさらに拡大し、複雑な表現も可能にするメカニズムについて練習します。この時活躍するのが、文と文を結びつける接続詞と相関詞です。主語文、述語文、目的語文、状況語文そして付加語文の５つのパターンについて、詳しく学んでいきます。最後にドイツ語に特徴的な枠構造と枠外配置についても練習します。

　中・上級の文法知識と様々なドイツ語的表現、そして具体的且つ体系的なドイツ語作文の知識を、ぜひ本書で身につけていただきたいと思います。**Viel Erfolg!**

トレーニングの進め方

〔学習は１課ごとに進めましょう。〕

 ステップ 1 学習内容と文法をチェック

　タイトル（左ページ上）と【文法をおさえよう】（右ページ上）を見て、学習内容と文の基本文型・文法を確認します。ここで、どの点が習得すべき事項となるのか大まかな部分を把握します。

ステップ 2 左ページ日本文を見て ドイツ語作文をする

　各課のタイトルとポイントを確認した後に、例文に移ります。まず例文１つずつに際し次の作業を行います。

（ⅰ）日本語文を確認。

（ⅱ）自分で文を考えてみる。（もしも思い浮かばなければ、すぐに（ⅲ）の作業に移る）。

（ⅲ）ドイツ語文を確認してみる。

この時点で、学習者の皆さんご自身の考えついた文と照らし合わ

せてみて、正解なのか否かを確認します。間違った部分や思いつかなかった部分があれば【文法をおさえよう】や【補足メモ】の解説を照合しながら理論的に理解を深めていきます。

ステップ 3 ドイツ語文の音読をする

　まずは、1～8の文について日本語文と対照しながらドイツ語文を音読していきます。この際音声を聞き、ドイツ語のリズムを確認しながら読んでいくと、発音やイントネーションが理解しやすくなります。8つの文全てに対して詰まることなく読めるようになったことを確認したら、次の練習に移ります。

ステップ 4 日本語文を聞いて反射的にドイツ語文に変換する

　日本語文を聞いて、反射的にドイツ語文に変換していく練習を行います。

　間違いや詰まる部分がなくマスターできれば、その課はクリアと考えて結構です。もしも変換できない文があれば、変換できるまで練習をしましょう。

ステップ 5 音声を聞いてシャドーイングをする

　文を瞬時に変換できるレベルに達した (構文が口に染みついた) 後、仕上げとしてリズムを確認しながら発音します。ねらいは、外国人的な発音を矯正し、ネイティブらしいイントネーションを身につけていくことにあります。**文の構造と意味を噛みしめながら、ドイツ語の音声について読む作業 (シャドーイング) を行います。**耳と口、そして理論（脳）という総合的側面からしっかりとした理解を固め、ネイティブらしいドイツ語を身につけていきます。

　以上、学習方法のサンプルを示しておきました。単純なプロセスですが、コツコツやっていくことで、大きな力となることは間違いありません。正に「継続は力なり」です。

　なお上の学習プロセスについては、特に進度やノルマは設定していません。例えば１課ごとの学習において、１から５を全て１日で行える人もいるでしょう。暗記できる容量、時間的な制約で厳しい方もいらっしゃるかもしれません。その場合は分けて行う形でも結構です。皆様のニーズに合わせた無理のない程度で学習を行って下さい。

音声ファイル番号一覧

トレーニングの注意点

1 大きな声を出して練習しよう

　本書はペーパーテストの練習ではなく、**スピーキング力を高める**ための本です。ですので、練習を行う際は、大きな声で読んでいくことが大切です。これは語学学習の中で昔から言われてきたことですが、本書でも同様のことを強調させていただきます。**近年は脳研究の立場からも、声を出して練習する場合の脳の働きは、黙読するよりもはるかに脳が働いていることが報告されています。**単純な話ですが、間違いを恐れずに大きな声で読んでいきましょう。

2 リズムを意識しよう

　外国語学習の初級段階では「発音が重要だ」と言われてきたことと思います。正しい発音、きれいな発音というのは重要な要素はあります。但し、あまり１つひとつの発音に捉われすぎるとかえって構文習得の妨げともなりえます。人の認知構造はある物を**まとまり（チャンク）**として捉える機能が備わっています。よって正しい発音であっても、それがどういうチャンクの中で発せられているのか認識できなければ、その意味が相手にも伝わらなくなります。その点から考えても、流れるリズムという点を意識するといいでしょ

う。**単語１つひとつ細切れにならないように、できるだけリズミカルに読んでいきましょう。**単語間の息継ぎにあまり長い時間をかけすぎないようにしましょう。

3 全ての文を完璧にマスターしよう

　冒頭でもお話しした通り、本書は文法的な体系をしっかり理解し、ドイツ語コミュニケーションで必要とされる構文をスムーズに産出できるようになることを目標としています。しっかり文を習得できているか否か、文の一言一句に間違いや詰まった部分があればしっかりチェックし、修正しましょう。

4 1グループずつ着実に理解して次のステップへ

　本書は基本～応用文型をもとに全75課を7つのPARTと21のグループに分類しています。よって、次のグループにコマを進めていくには、前のグループの基本文型をしっかりマスターしておく必要があります。**必ず各グループの基本文型をしっかりマスターしたかどうかを確認した上で、次のグループへと学習を進めて下さい。**もしも、各グループ内で反射的にドイツ語変換の行えない文があれば、その部分をしっかり補強し、次のステップには進まないでおきましょう。

〔文の構造図〕
文の構造が一目で把握できるように、なるべく図式で表しています。

課を表します。

31 ●付加語的用法における注意点
人々は新しく、面白くそしてわくわくさせるコンピューターゲームを求めている。

DIE LEUTE VERLANGEN NACH NEUEN, INTERESSANTEN UND SPANNENDEN COMPUTERSPIELEN.
　　　　　　　　　　　　　　ADJ　　　ADJ　　　　ADJ

音声は
日本語→ドイツ語の順番で収録されています。

🔊 031

① 人々は**新しく、面白くそしてわくわくさせる**コンピューターゲームを求めている。

② そのゲームが今**日本中**で流行っている。

③ 彼は**ドレースデン銀行**にたくさんの預金がある。

④ 彼女はパーティーで**バラ色のワンピース**を着ていた。

⑤ **20 世紀の 50 年代**にこの歌は流行っていた。

⑥ 暗い部屋で私は**いす**にぶつかった。

⑦ 私たちは**小声**で話さなければならなかった。

⑧ 向こうの方に、**高い山**が見える。

〔補足メモ〕
例文で説明が必要なものについて、ここで簡単な説明をしています。

＼補足メモ／
⑥ -el に終わる形容詞は語幹の e を省く。
⑦ -e に終わる形容詞は格語尾の e を省く。
⑧ 格変化の際に c が脱落し、hoh- となる。

96

22

〔文の構造図の記号〕

S (Subjekt) 主語
P (Prädikat) 述語
A (Adverb) 副詞、状況語
N (Nomen) 名詞
O (Objekt) 目的語／**O2** 2
格の目的語／**O3** 3格の目的
語／**O4** 4格の目的語
OP (Präpositionalobjekt)
前置詞句
GEN/G (Genitiv) 2格
PRÄP (Präposition)
前置詞
V (Verb) 動詞
ADJ (Adjektiv) 形容詞
RP (Reflexivpronomen)
再帰代名詞
MV (Modalverb) 話法

の助動詞
INF (Infinitiv) 動詞の不
定詞
HV (Hilfsverb) 助動詞
PART II (Partizip II)
過去分詞
PRÄFIX (Präfix)
前つづり
FW (Fragewort) 疑問詞
IP (Interrogativpronomen)
疑問代名詞
ID (Indefinitpronomen)
不定代名詞
BZ (Bruchzahl) 分数
OZ (Ordinalzahl) 序数
KZ (Kardinalzahl) 基数
BA (der bestimmte
Artikel) 定冠詞(類)
UA (der unbestimmte

Artikel) 不定冠詞(類)
NS (Nebensatz) 副文
HS (Hauptsatz) 主文
KONJ.I (Konjunktiv
I) 接続法1式
KONJ.II (Konjunktiv
II) 接続法2式
FVG
(Funktionsverbgefüge)
機能動詞構造
KONJ (Konjunktion)
接続詞
KORR. (Korrelat)
相関詞
R (Relativpronomen)
関係代名詞
RA (Redensart)
慣用句

🔵 文法をおさえよう

☆形容詞は名詞の前に置かれた場合格語尾が必要ですが、その際の実際的な注
意点について、ここで確認しておきましょう。

- 名詞の前に形容詞が並列的に現れる場合、形容詞には同一の格語尾がつけられる(①)。
- 中性の国名の前に冠詞を伴わず単独で付加された **ganz** は格語尾がつかない(②)。
- 国名や地名に **-er** をつけて作られた形容詞は変化しない(③)。
- 名詞から作られた外来の色彩を表す形容詞は変化しない(④)。
- 「何十年代」を表す言い方においても格語尾はつかない(⑤)。

① Die Leute verlangen nach **neuen, interessanten** und **span
nenden** Computerspielen.

② Das Spiel ist jetzt in **ganz Japan** in Mode.

③ Er hat auf der **Dresdner Bank** viel Geld.

④ Auf der Party hat sie **ein rosa Kleid** getragen.

⑤ In den Fünfzigerjahren **des zwanzigsten Jahrhund
dieses Lied in Mode.

⑥ **Im dunklen Zimmer** bin ich an den Stuhl gestoßen

⑦ Wir mussten **mit leiser Stimme** sprechen.

⑧ Da drüben sieht man **einen hohen Berg**.

〔文法をおさえよう〕
該当番号を明記し
ています。どの文
に当たるのかをしっ
かりとチェックしま
しょう。

〔日本語文・ドイツ語文〕
各課、文法の該当箇所
はわかりやすく太字に
してあります。

p.192 ～ 220
50 音順
フレーズトレーニング

　ここでは本文中で使用しているフレーズ（句）を 50 音順に配列してあります。音声を聞いて覚えましょう。このトレーニングをすることで本文の作文がしやすくなります。

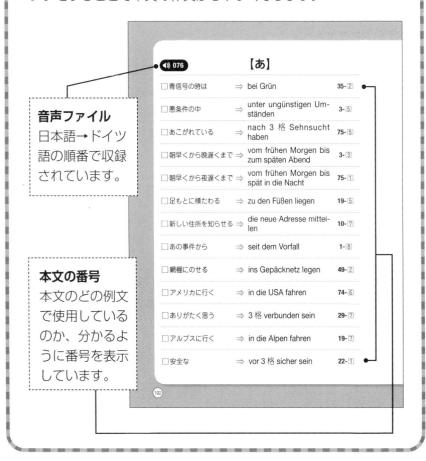

音声ファイル
日本語→ドイツ語の順番で収録されています。

本文の番号
本文のどの例文で使用しているのか、分かるように番号を表示しています。

◀） 076	【あ】	
□ 青信号の時は	⇒ bei Grün	35-2
□ 悪条件の中	⇒ unter ungünstigen Umständen	3-5
□ あこがれている	⇒ nach 3 格 Sehnsucht haben	75-5
□ 朝早くから晩遅くまで	⇒ vom frühen Morgen bis zum späten Abend	3-3
□ 朝早くから夜遅くまで	⇒ vom frühen Morgen bis spät in die Nacht	75-1
□ 足もとに横たわる	⇒ zu den Füßen liegen	19-5
□ 新しい住所を知らせる	⇒ die neue Adresse mitteilen	10-7
□ あの事件から	⇒ seit dem Vorfall	1-8
□ 網棚にのせる	⇒ ins Gepäcknetz legen	49-2
□ アメリカに行く	⇒ in die USA fahren	74-6
□ ありがたく思う	⇒ 3 格 verbunden sein	29-7
□ アルプスに行く	⇒ in die Alpen fahren	19-7
□ 安全な	⇒ vor 3 格 sicher sein	22-1

192

音声ダウンロードの方法

音声をスマートフォンや PC で、簡単に
聞くことができます。

方法1 スマホで聞く場合

面倒な手続きなしにストリーミング再生で聞くことができます。

※ストリーミング再生になりますので、通信制限などにご注意ください。
　また、インターネット環境がない状況でのオフライン再生はできません。

このサイトにアクセスするだけ！

↳ https://soundcloud.com/yqgfmv3ztp15/
sets/31lo47krqpgo

❶ 上記サイトにアクセス！

❷ アプリを使う場合は
SoundCloud に
アカウント登録（無料）

方法2 パソコンで音声ダウンロードする場合

パソコンで mp3 音声をダウンロードして、スマホなどに取り込むこと
も可能です。（スマホなどへの取り込み方法はデバイスによって異なります）

❶ 下記のサイトにアクセス

https://www.cosmopier.com/
download/4864542012

❷ 中央のボタンをクリックする

音声は PC の一括ダウンロード用圧縮ファイル（ZIP 形式）でご提供します。
解凍してお使いください。

電子版の使い方

音声ダウンロード不要
ワンクリックで音声再生！

本書購読者は
無料でご使用いただけます！
音声付きで
本書がそのままスマホでも
読めます。

電子版ダウンロードには
クーポンコードが必要です
詳しい手順は下記をご覧ください。
右下の QR コードからもアクセスが
可能です。

電子版：無料引き換えコード
Q7t4Rf

ブラウザベース（HTML5 形式）でご利用
いただけます。
★クラウドサーカス社 ActiBook電子書籍
（音声付き）です。
●対応機種
・PC（Windows/Mac） ・iOS（iPhone/iPad）
・Android（タブレット、スマートフォン）

電子版ご利用の手順

❶コスモピア・オンラインショップにアクセス
　してください。（無料ですが、会員登録が必要です）

https://www.cosmopier.net/

❷ログイン後、カテゴリ「電子版」のサブカテゴリ「書籍」をクリックします。

❸本書のタイトルをクリックし、「カートに入れる」をクリック。

❹「カートへ進む」→「レジに進む」と進み、「クーポンを変更する」をクリック。

❺「クーポン」欄に本ページにある無料引き換えコードを入力し、「登録する」をクリック。

❻０円になったのを確認して、「注文する」をクリックしてください。

❼ご注文を完了すると、「マイページ」に電子書籍が登録されます。

Part **1**

ドイツ語の基本文型を
確認しよう

1

●主語＋述語

飛行機は時間通りにフランクフルトに向けて飛び立った。

<u>DAS FLUGZEUG</u> <u>IST</u> PÜNKTLICH NACH FRANKFURT <u>ABGEFLOGEN</u>.
S   P   P

🔊 001

1. 飛行機は時間通りにフランクフルトに向けて**飛び立った**。

2. 商店街の映画館で、とてもおもしろいドイツ映画を**やっている**。

3. 委員会はおそらく来週の今日、ベルリンで**開かれる**だろう。

4. 機内では、絶対にタバコを**吸って**はいけない。

5. 朝食の後で、その夫婦はいつも森の中を**散歩する**。

6. 老人の腕の中で、その犬は安らかに**死んだ**。

7. 彼らはここに**駐車する**べきではなかった。

8. あの事件から３年**経った**。

------ ＼補足メモ／ ------

1. abfliegen が分離動詞であり sein 支配であること。また ist と abgeflogen の枠構造にも注意が必要。
2. 形容詞は付加語的用法において、いくつ並べられていても同じ語尾がつく。

☆まずは、文の出発点ともいえる「主語＋述語」からなる最も単純な構造の復習です。

☆この場合の述語は、もちろん自動詞です。**pünktlich nach Frankfurt** は省略可能です。

---

① Das Flugzeug **ist** pünktlich nach Frankfurt **abgeflogen**.

② Ein sehr interessanter deutscher Film **läuft** im Kino in der Geschäftsstraße.

③ Das Komitee **findet** wahrscheinlich heute in acht Tagen in Berlin **statt**.

④ Im Flugzeug darf man absolut nicht **rauchen**.

⑤ Nach dem Frühstück **geht** das Ehepaar immer im Wald **spazieren**.

⑥ Im Arm eines alten Mannes **ist** der Hund in Frieden **gestorben**.

⑦ Sie hätten hier nicht **parken** sollen.

⑧ Seit dem Vorfall **sind** schon drei Jahre **vergangen**.

主語＋述語（自動詞）

---

⑦ 不定詞を伴う話法の助動詞の完了形では、不定詞と同形の過去分詞を用いること。また接続法第2式の知識も必要。

2

●主語＋述語＋《場所》を表す状況語

王女は窓辺に立って、静かに川を見下ろしていた。

DIE PRINZESSIN STAND AM FENSTER UND BLICKTE STILL AUF DEN FLUSS HINUNTER.
    S   P   A   P   A   P

🔊 002

① 王女は**窓辺に**立って、静かに**川を**見下ろしていた。

② 娘はこの週末に、同級生たちと**山へ**行く。

③ 飛行機はスムーズに**滑走路に**着陸した。

④ **展覧会場には**どう行けば一番いいですか？

⑤ 結局その囚人は、**刑務所から**逃げ出すことはできなかった。

⑥ 流行遅れになったものは、**ここでは**廃棄される。

⑦ 私の母は、一生の間1度も**日本から**出たことはなかった。

⑧ 助けは、**思いもかけないところから**来た。

――― 補足メモ／―――

③ 到着・出現・消失はその場所を考えて3格で表す。

⑤ gelingen は「人（3格）にとってうまくいく」という構造を作る。sein 支配。

⑦ ihr ganzes Leben lang は4格の副詞的用法。

主語＋述語＋状況語《場所》

☆「基本文型」には様々な成分が添加されますが、ここでは主語＋述語の文型に場所を規定する語句が付加された構造を練習します。

⬚1 Die Prinzessin stand **am Fenster** und blickte still **auf den Fluss** hinunter.

⬚2 Meine Tochter geht dieses Wochenende mit ihren Klassenkameraden **ins Gebirge**.

⬚3 Das Flugzeug setzte weich **auf der Landebahn** auf.

⬚4 Wie komme ich am besten **zur Ausstellungshalle**?

⬚5 Schließlich ist es dem Gefangenen nicht gelungen, **aus dem Gefängnis** zu entfliehen.

⬚6 Was aus der Mode gekommen ist, wird **hier** weggeworfen.

⬚7 Meine Mutter ist ihr ganzes Leben lang nie **aus Japan** herausgekommen.

⬚8 Die Hilfe kam, **woher man sie nicht erwartet hatte**.

主語＋述語（自動詞）

3

●主語＋述語＋《時》を表す状況語

その原案に私たちは1週間も取り組んだ。

AN DEM ENTWURF <u>HABEN</u> <u>WIR</u> <u>EINE WOCHE</u> <u>GEARBEITET</u>.
     P   S   A   P

🔊 003

1 翌日、彼女はもう**朝早く**机に向かっていた。

2 **雨が降るたびに**、彼女は憂鬱になる。

3 収穫期には、私たちは**朝早くから晩遅くまで**働く。

4 その原案に私たちは**1週間も**取り組んだ。

5 手術は悪条件の中、**ほぼ5時間**続いた。

6 そのピアニストは、**幼い時から**盲目だ。

7 **それから何日間か**、彼女はもちろん大変悲しんでいた。

8 彼らは**学生時代から**仲のよい友達である。

＼補足メモ／

4 eine Woche は4格の副詞的用法。
7 die nächsten Tage は4格の副詞的用法。

主語＋述語＋状況語《時》

☆「主語＋述語」の文型に、時を規定する状況語が付加された構造です。

① Am nächsten Tag saß sie schon **frühmorgens** am Tisch.

② **So oft es regnet**, verfällt sie in Schwermut.

③ Zur Erntezeit arbeiten wir **vom frühen Morgen bis zum späten Abend**.

④ An dem Entwurf haben wir **eine Woche** gearbeitet.

⑤ Die Operation dauerte unter ungünstigen Umständen **etwa 5 Stunden**.

⑥ Der Pianist ist **von Kindheit an** blind.

⑦ **Die nächsten Tage** war sie natürlich sehr bekümmert.

⑧ Sie sind **seit ihrer Schulzeit** gute Freunde.

主語＋述語（自動詞）

4

●主語＋述語＋《様態》を表す状況語

彼女は黙ってうなずいた。

<u>SIE</u> <u>NICKTE</u> <u>STUMM</u> MIT DEM KOPF.
　S　　P　　A

🔊 004

① 彼は祖国のために**勇敢に**戦った。

② その ICE は**大変遅れて**ミュンヘンに到着した。

③ 彼女は**丁寧に**私たちに答えた。

④ 彼らは**お辞儀をして**挨拶した。

⑤ 両親が喜んだことに、子供たちは**無事に**帰ってきた。

⑥ 昨夜、彼は**よく眠れ**なかった。

⑦ ここでは**安全にそして幸せに**暮らせる。

⑧ 彼女は**黙って**うなずいた。

───\ 補足メモ /───

⑤ この zu は結果を表します。前置詞には、比喩的あるいは抽象的な意味で用いられる重要な用法がある。後のレッスンで練習する。

📀 文法をおさえよう

主語＋述語＋状況語《様態》

☆「主語＋述語」の文型に様態を規定する状況語が付加された構造です。

① Er hat für die Heimat **tapfer** gekämpft.

② Der ICE ist **mit großer Verspätung** in München angekommen.

③ Sie hat uns **höflich** geantwortet.

④ Sie grüßten **mit einer Verbeugung**.

⑤ Zur Freude der Eltern kamen die Kinder **glücklich** zurück.

⑥ Letzte Nacht hat er **sehr schlecht** geschlafen.

⑦ Hier lebt man **sicher und glücklich**.

⑧ Sie nickte **stumm** mit dem Kopf.

主語＋述語（自動詞）

5

●主語＋述語＋《原因》を表す状況語

病気の父親の介護のために、彼女は来られなかった。

WEGEN DER PFLEGE IHRES KRANKEN VATERS KONNTE SIE NICHT KOMMEN.

                                    A   P S   P

🔊 005

① 運転手の**不注意のために**、その事故は起こった。

② 我々は**雨が降っても**仕事を続ける。

③ 昨夜彼女は、**痛みのために**全く眠れなかった。

④ 彼らは山が何にもまして好き**だから**、スイスへ行く。

⑤ **なぜ**彼女は前もって電話しなかったのだろう？

⑥ 病気の父親の**介護のために**、彼女は来られなかった。

⑦ この会社の社員は、夏に**保養のために**海に行く。

⑧ 彼は**この生地で**ブラウスを縫いたいと思っている。

――― 補足メモ /―――
① infolge は ⑥ の wegen とともに原因・理由を表す 2 格支配の前置詞の代表格。
⑦ die Angestellten は形容詞（もとの形は過去分詞）の名詞的用法。

⊘ 文法をおさえよう

主語＋述語＋状況語《原因》

☆ 「主語＋述語」の文型に原因を規定する状況語が付加された構造です。
☆ 「原因」は、様々な前置詞句や疑問詞によって表現されます。

---

1. **Infolge der Unvorsichtigkeit** des Fahrers geschah der Unfall.

2. Wir arbeiten **trotz des Regens** weiter.

3. Letzte Nacht hat sie **vor Schmerzen** gar nicht schlafen können.

4. Sie fahren in die Schweiz, **weil** sie das Gebirge über alles lieben.

5. **Warum** hat sie vorher nicht angerufen?

6. **Wegen der Pflege** ihres kranken Vaters konnte sie nicht kommen.

7. Die Angestellten dieser Firma gehen im Sommer **zur Erholung** an die See.

8. Er möchte **von diesem Stoff** eine Bluse nähen.

主語＋述語（動詞）

6 ●主語＋述語＋名詞（１格）

どんなに苦しい時でも、彼は私の友として変わらなかった。

E̲R̲ B̲L̲I̲E̲B̲ AUCH IN NOT UND TOD M̲E̲I̲N̲ F̲R̲E̲U̲N̲D̲.
S　　P　　　　　　　　　　　　　N

🔊 006

1. 私たちはずっと**友達**でいよう。

2. このタブレットは、わが社の**最新の機種**だ。

3. 彼の唯一の願いは、**プロのサッカー選手**になることです。

4. どんなに苦しい時でも、彼は**私の友**として変わらなかった。

5. 公園でサッカーをしているのは、**私の甥や姪たち**です。

6. 横浜と神戸がこの会社の**所在地**です。

7. AI の登場は、一部の人たちにとっての**脅威**だ。

8. それが私には、**最も有効な手段**のように思われた。

―――＼補足メモ／―――

5 es を先行詞とする強調構文です。関係代名詞の性と数は述語の名詞に従う。

◎ 文法をおさえよう

主語＋述語＋名詞《1格》

☆「主語＋述語」の文型に 1 格の名詞が付加された構造です。
☆動詞には **sein**、**werden**、**bleiben** などが用いられ、主語＝ 1 格名詞の等式関係を表します。

---

① Wir wollen **Freunde** bleiben.

② Das Tablet ist **das neueste Modell** unserer Firma.

③ Sein einziger Wunsch ist **Fußballprofi** zu werden.

④ Er blieb auch in Not und Tod **mein Freund**.

⑤ Es sind **meine Neffen und Nichten**, die im Park Fußball spielen.

⑥ Yokohama und Kobe sind **der Sitz** der Gesellschaft.

⑦ Der Antritt von KI ist **eine Bedrohung** für einige Leute.

⑧ Das schien mir **das wirksamste Mittel**.

主語＋述語（自動詞）

●主語＋述語＋目的語（3格）

彼の努力の大部分は、奴隷の解放に向けられた。

DER GRÖSSTE TEIL SEINER BEMÜHUNGEN GALT DER BEFREIUNG DER SKLAVEN.
　　　　　　　S　　　　　　　　　　　P　　　O3

🔊 007

1　私は**彼に**、心からの誕生日のお祝いを言った。

2　彼の努力の大部分は、奴隷の**解放に**向けられた。

3　彼女は**その誘惑に**負けた。

4　ぜいたく品には**高い税金が**かかる。

5　この語を**私は**度忘れしてしまった。

6　彼は**父の**会社を継いだ。

7　彼女は**彼に**頼みごとを伝えた。

8　それは仕事の**進行に**役立つ。

――\ 補足メモ /――

2　Sklave は男性弱変化名詞。
7　警告や叱責を表す時のジェスチャー。

❷ 文法をおさえよう

主語＋述語＋目的語《3格》

☆「主語＋述語」の文型に3格の目的語が付加された構造です。
☆3格の目的語を要求する自動詞の構文です。

1. Ich gratulierte **ihm** herzlich zum Geburtstag.

2. Der größte Teil seiner Bemühungen galt **der Befreiung** der Sklaven.

3. Sie konnte **der Versuchung** nicht widerstehen.

4. Luxusartikel unterliegen **einer hohen Steuer**.

5. Dieses Wort ist **mir** entfallen.

6. Er ist **seinem Vater** in der Firma nachgefolgt.

7. Sie hat **ihm** einen Auftrag ausgerichtet.

8. Das nutzt **der Entwicklung** der Arbeit.

主語＋述語（自動詞）

8 この本の意図は国民の啓蒙にあった。

DIE ABSICHT DIESES BUCHES BESTAND IN DER AUFKLÄRUNG DES VOLKES.
　　　　S　　　　　　　　P　　　　　OP

🔊 008

① 日本の伝統的な家は主に**木材で**作られている。

② この本の意図は、国民の**啓蒙に**あった。

③ 彼らは戦いを続ける**ことを**主張してやまなかった。

④ ドイツで部屋を借りる際は、まず**暖房のことを**考えなければならない。

⑤ 彼はこの会合に行くべきか**どうか**、じっくり考えてみた。

⑥ お金がなくて、旅行に行く**のを**あきらめざるを得なかった。

⑦ 彼はいつの日か、レーサーになる**ことを**夢見ている。

⑧ 彼らは自分たちの計画を遂行**しようと**努力した。

＼補足メモ／

③ bestehen のような動詞は結びつく前置詞によって意味が大きく異なるので、相関詞の da-rauf は省略できない。

❸ 文法をおさえよう

主語＋述語＋目的語〈前置詞格〉

☆「主語＋述語」の文型に前置詞格目的語が付加された構造です。
☆前置詞格を要求する自動詞の構文です。

1. Die traditionellen japanischen Häuser bestehen hauptsächlich **aus Holz**.

2. Die Absicht dieses Buches bestand **in der Aufklärung** des Volkes.

3. Sie bestanden **darauf**, den Kampf fortzusetzen.

4. Beim Mieten eines Zimmers in Deutschland muss man zuerst **an die Heizung** denken.

5. Er dachte **darüber** nach, ob er zu diesem Treffen gehen sollte.

6. Ich musste aus Geldmangel **darauf** verzichten, eine Reise zu machen.

7. Er träumt **davon**, einmal Rennfahrer zu werden.

8. Sie haben **danach** gestrebt, ihren Plan auszuführen.

主語＋述語（自動詞）

●主語＋述語＋目的語（4格）

ピアニストとして彼は国際的に認められた。

ALS PIANIST <u>ERRANG</u> <u>ER</u> <u>INTERNATIONALE ANERKENNUNG</u>.
　　　　　　　P　　S　　　　　O4

🔊 009

1 ピアニストとして彼は**国際的に認められた**。

2 彼は炒めるのにいつも**バターを**使う。

3 若い科学者たちの研究は、この数年の間に**大きな進歩を**とげた。

4 この有能な医者でさえ、その患者の**命を**救うことはできなかった。

5 シュミットさんは昨日**鍵を**なくした。

6 1945年に1発の原子爆弾が**広島の町を**破壊した。

7 彼は**私を**まるで見なかったかのように通り過ぎた。

8 私は**彼女が詐欺師だということを**すぐに見破った。

＼補足メモ／

4 Patient は男性弱変化名詞。

6 「～年に」という場合は「im Jahre」を西暦の前に置くか、西暦のみ。

7 「als ob＋接続法第2式」は「まるで～のように」という大事な表現。

● 文法をおさえよう

主語＋述語＋目的語《4格》

☆「主語＋述語」に4格目的語が付加された構造です。
☆必ず4格の目的語を要求する他動詞の構文です。

1. Als Pianist errang er **internationale Anerkennung**.

2. Er nimmt zum Braten immer **Butter**.

3. Die Forschungen der jungen Wissenschaftler haben in den letzten Jahren **große Fortschritte** gemacht.

4. Selbst der geschickte Arzt konnte **das Leben** des Patienten nicht retten.

5. Frau Schmidt hat gestern **ihren Schlüssel** verloren.

6. Im Jahre 1945 zerstörte eine Atombombe **die Stadt Hiroshima**.

7. Er ging vorbei, als ob er **mich** nicht gesehen hätte.

8. Ich habe sofort erkannt, **dass sie eine Betrügerin ist**.

8 4格目的語がdass文で表現された例。

<u>Er</u> <u>widmete</u> <u>sein Leben</u> <u>der Forschung</u> der Naturwissenschaft.
S   P   O4   O3

🔊 010

☐1 銀行は**彼に**貸し付けを認めた。

☐2 私の会社は**社員に**年5週間の**休暇を**与える。

☐3 彼は**生涯を**自然科学の**研究に**捧げた。

☐4 隊長は**隊員に**絶対**他言しないよう**命じた。

☐5 休暇になって、**私は**ようやくまた両親に会う**ことが**できた。

☐6 彼女は**彼らから貴重品を**全て奪い取った。

☐7 引越しの後で、私は**友達に新しい住所を**知らせた。

☐8 子供たちは**両親に**、時間を守る**ことを**約束した。

───＼補足メモ／───

☐5 日本語とドイツ語の表現における主語の設定の相違に注意。詳しくは次章で練習する。
☐8 4格目的語が zu 不定詞句で表現された例。

主語＋述語＋目的語《4格》＋目的語《3格》

☆「主語＋述語」に4格目的語と3格目的語が付加された構造です。
☆4格目的語だけでなく、3格目的語も必要とする他動詞の構文です。

1 Die Bank gewährte **ihm einen Kredit**.

2 Meine Firma gibt **den Angestellten** jährlich fünf Wochen **Urlaub**.

3 Er widmete **sein Leben der Forschung** der Naturwissenschaft.

4 Der Leiter hat **den Mitgliedern** strengstes **Stillschweigen** befohlen.

5 Die Ferien boten **mir** endlich **die Gelegenheit**, meine Eltern zu treffen.

6 Sie raubte **ihnen alle Wertsachen**.

7 Nach dem Umzug habe ich **meinen Freunden die neue Adresse** mitgeteilt.

8 Die Kinder haben **den Eltern** versprochen, **pünktlich zu sein**.

主語＋述語（他動詞）＋目的語（4格）

11

彼は人々を独裁から解放した。

ER BEFREITE MENSCHEN VON DER DIKTATUR.
　S　　P　　O4　　　　OP

🔊 011

① 彼は**人々を独裁から**解放した。

② 彼らは**私たちの権利を**制限した。

③ 彼女のメールによって、**彼は昔の約束を**思い出した。

④ 両親は**子供たちに清潔にする習慣を**つけさせねばならない。

⑤ **彼は**他人の**意見を**全く気にかけない。

⑥ 運よく**事態は**好転した。

⑦ **彼らは**来年の夏、**ドイツ旅行を**することに決めた。

⑧ **私は**その話がどうなるのか興味がある。

――― 補足メモ ―――

⑥ sich の位置に注意。代名詞が主語の場合を除き、動詞の直後に位置することが多い。

● 文法をおさえよう

主語＋述語＋目的語《4格》＋目的語《前置詞格》

☆「主語＋述語」に4格目的語と前置詞格目的語が付加された構造です。
☆4格目的語だけでなく前置詞格目的語も必要とする他動詞の構文。熟語的表現が多い。

1 Er befreite **Menschen von der Diktatur**.

2 Sie haben **uns in unseren Rechten** beschränkt.

3 Ihre Mail erinnerte **ihn an das alte Versprechen**.

4 Die Eltern müssen **ihre Kinder an Sauberkeit** gewöhnen.

5 Er kümmert **sich** nie **um die Meinung** anderer Leute.

6 Zum Glück haben **sich** die Dinge **zum Guten** gewendet.

7 Sie haben **sich** nächsten Sommer **zu einer Deutschlandreise** entschlossen.

8 Ich interessiere **mich dafür**, wie die Geschichte weitergeht.

主語＋述語（他動詞）＋目的語（4格）

12

その男は、彼の手からバッグを
ひったくった。

<u>DER MANN</u> <u>HAT</u> IHM <u>DIE TASCHE</u> <u>AUS DER HAND</u> <u>GERISSEN</u>.
　　　S　　　P　　　　O4　　　　　A　　　　　　P

🔊 012

1 彼はゲストを車で空港まで送って行った。

2 彼は彼女の肩に手をかけた。

3 その厳しい先生は、その怠惰な生徒を隅に立たせた。

4 ボーイはその客を一番よい席に着かせた。

5 来年の夏、私たちは約2週間海辺に滞在するつもりです。

6 部屋に入ると、彼はすぐにベッドに横になった。

7 その男は、彼の手からバッグをひったくった。

8 事故の後、私たちは負傷者を車まで抱えて行った。

───\ 補足メモ /───────────────────────
2 ihr は所有の3格で Schulter の持ち主を表している。

② 文法をおさえよう

主語＋述語＋目的語《4格》＋状況語《場所》

☆「主語＋述語」に4格目的語と場所を表す状況語が付加された構造です。
☆場所を表す状況語は主に前置詞句で表現されます。

① Er hat **die Gäste** mit dem Auto **zum Flughafen** gebracht.

② Er legte ihr **die Hand auf die Schulter**.

③ Der strenge Lehrer hat **den faulen Schüler in die Ecke** gestellt.

④ Der Kellner setzte **den Gast an den besten Platz**.

⑤ Nächsten Sommer werden wir **uns** ungefähr 2 Wochen **an der See** aufhalten.

⑥ Sobald er in sein Zimmer trat, legte er **sich aufs Bett**.

⑦ Der Mann hat ihm **die Tasche aus der Hand** gerissen.

⑧ Nach dem Unfall haben wir **den Verletzten zum Auto** geschleppt.

主語＋述語（他動詞）＋目的語（4格）

13 ●主語＋述語＋目的語（4格）＋《様態》を表す状況語

この問題の解明は、困難であること が分かった。

DIE KLÄRUNG DIESER FRAGE HAT SICH ALS SCHWIERIG ERWIESEN.
　　　S　　　　　　　P　O4　　A　　　　P

🔊 013

☐1 お金は人々を必ずしも幸福にしない。

☐2 彼はこの新しい仕事がとても厄介だと思っている。

☐3 私は子供たちがこんなに楽しそうにしているのを見たことがない。

☐4 私の姉は、髪は金髪に染めさせ、爪には赤いマニキュアを塗ってもらった。

☐5 この問題の解明は、困難であることが分かった。

☐6 私の両親は、私が日曜日に彼と映画に行ったことを快く思わなかった。

☐7 彼はいつも彼女に対して礼儀正しく振舞った。

☐8 その2人が殴りあったのは、馬鹿げたことだと私は思った。

＼補足メモ／

☐2 「als 〜 betrachten ＝〜とみなす」という熟語的表現。
☐4 lassen は話法の助動詞に準じる動詞で、完了形においては不定詞と同形の過去分詞を用いる。

② 文法をおさえよう

主語＋述語＋目的語《4格》＋状況語《様態》

☆「主語＋述語」に4格目的語と様態を表す状況語が付加された構造です。
☆ここでは状況語が他動詞の働きを助け、その意味を補い具体化する働きをしています。

① Geld macht **die Leute** nicht immer **glücklich**.

② Er betrachtet **die neue Arbeit als sehr schwierig**.

③ Ich habe **die Kinder** nie **so fröhlich** gesehen.

④ Meine ältere Schwester hat sich **das Haar blond** färben und **die Fingernägel rot** lackieren lassen.

⑤ Die Klärung dieser Frage hat **sich als schwierig** erwiesen.

⑥ Meine Eltern sahen **es** nicht **gerne**, dass ich am Sonntag mit ihm ins Kino ging.

⑦ Er hat **sich** ihr gegenüber immer **höflich** benommen.

⑧ Ich fand **es idiotisch**, dass die zwei sich prügelten.

主語＋述語（他動詞）＋目的語（4格）

⑤「sich + als ～ erweisen ＝～と分かる」という熟語的表現。
⑦ gegenüber は代名詞と共に用いられる時は後置される。

Part**2**

主語の設定の仕方を
身につけよう

WIE WÄRE <u>ES</u> MIT EINER TASSE KAFFEE?

🔊 014

① 何のご用でこちらへ来られたのですか？

② コーヒーを1杯いかがですか？

③ 君はどうしたのだ？

④ 彼はおしまいだ。

⑤ それを断念して、彼女は賢明だった。

⑥ 彼らをどうしたらいいだろう？

⑦ さあどうにかしなければ！

⑧ ご親切にありがとうございます！

―― \補足メモ/――

⑧ Haben Sie は省略されることが多い。挨拶の表現はほとんどが4格の目的語が独立したもの。

② 文法をおさえよう

☆日本語とドイツ語で主語の設定の仕方が異なるケースです。
☆ここでは、日本文にはないドイツ文の主語について練習していきます。

[1] **Was** führt Sie zu mir?

[2] Wie wäre **es** mit einer Tasse Kaffee?

[3] **Was** ist los mit dir?

[4] **Es** ist aus mit ihm.

[5] **Es** ist sehr vernünftig von ihr, dass sie darauf verzichtet hat.

[6] **Was** soll mit ihnen geschehen?

[7] **Es** muss jetzt etwas geschehen!

[8] Haben **Sie** vielen Dank für Ihre Freundlichkeit!

15 ●日本語の主語以外の語句が主語になる場合
その時彼はよいアイデアを思いついた。

DA KAM IHM <u>EIN GUTER EINFALL</u>.

🔊 015

1 その時彼は**よいアイデアを**思いついた。

2 私は**彼女の名前を**思い出せない。

3 そこではくり返し交通事故が起こった。

4 君が必要なものを、全て手に入れられるようにしてあげよう。

5 車も**おまえに**買ってやるよ！

6 1週間後に**あなたに**お返事を差し上げます。

7 **冷蔵庫は**どこに置きますか？

8 途中で**誰にも**会わなかった。

───\ 補足メモ /────────────────

1 ドイツ語の文の3格が日本語の文の主語にあたる場合が多い。

● 文法をおさえよう

☆日本文の主語とドイツ文の主語が異なるケースです。
☆ドイツ語は比喩的な表現が日本語に比べてはるかに多く、無生物が文の主語として頻繁に用いられます。

1. Da kam ihm **ein guter Einfall**.

2. Mir fällt **ihr Name** nicht ein.

3. Dort kam **es** wiederholt zu Verkehrsunfällen.

4. **Du** sollst alles bekommen, was du brauchst.

5. Ein Auto bekommst **du** auch!

6. **Sie** erhalten unsere Antwort in einer Woche.

7. Wohin kommt **der Kühlschrank**?

8. Unterwegs begegnete mir **niemand**.

主語が日本語と異なるケース

16 卵3個とバター半ポンドを用いること。

<u>MAN</u> NEHME DREI EIER UND EIN HALBES PFUND BUTTER.
S

🔊 016

① 部屋の窓からその塔が見える。

② それはドイツ語で何と言うのですか？

③ そんなことをするもんじゃない。

④ ここでタバコを吸ってもいいですか？

⑤ 卵3個とバター半ポンドを用いること。

⑥ ドイツでは日曜日は働きません。

⑦ 守衛まで問い合わせられたい。

⑧ 鼻をほじくるものではない！

＼補足メモ／

⑤ 接続法第1式の要求話法。
⑦ 張り紙や看板などの表現。wende は接続法第1式。

🎧 文法をおさえよう

☆日本語の中に主語が具体的に表現されていない場合で、ドイツ語では **man** が主語として用いられた例です。

1. **Man** sieht den Turm vom Fenster meines Zimmers.

2. Wie sagt **man** das auf Deutsch?

3. So was tut **man** nicht.

4. Darf **man** hier rauchen?

5. **Man** nehme drei Eier und ein halbes Pfund Butter.

6. In Deutschland arbeitet **man** sonntags nicht.

7. **Man** wende sich an den Pförtner.

8. **Man** bohrt nicht in der Nase!

主語が man のケース

17 ●日本語に主語がある場合

冬にはここからアルプスが見える。

IM WINTER KANN <u>MAN</u> VON HIER AUS DIE ALPEN SEHEN.

s

◀)) 017

1 現在ミニスカートが流行っている。

2 古い市庁舎は再建された。

3 コーヒーは頭をはっきりさせる。

4 私は1ユーロもらった。

5 学生たちは試験期日を前もって知らされる。

6 私たちの部屋からモーツァルト通りが見える。

7 冬にはここからアルプスが見える。

8 1953年ここにモダンなホテルが建てられた。

——\ 補足メモ /——

3 einen は man の4格。

● 文法をおさえよう

☆日本語には主語があるが、ドイツ語では **man** が主語として用いられた例です。

1. Heute trägt **man** Miniröcke.

2. **Man** hat das alte Rathaus wieder aufgebaut.

3. Kaffee macht **einen** wach.

4. **Man** hat mir einen Euro gegeben.

5. **Man** gibt den Studenten den Prüfungstermin vorher bekannt.

6. Von unserem Zimmer blickt **man** auf die Mozartstraße.

7. Im Winter kann **man** von hier aus die Alpen sehen.

8. Im Jahre 1953 hat **man** hier ein modernes Hotel errichtet.

主語が man のケース

Part 3

注意すべき
前置詞の用法

18

彼はいつものように時間ぎりぎりにやってきた。

ER KAM WIE IMMER <u>IM</u> LETZTEN AUGENBLICK.
PRÄP

🔊 018

1. **2月の中ごろ**、学生たちはケルン大学のドイツ語講座に参加するためドイツに行きます。

2. 弁論大会は、**12月1日に**行われる。

3. **来週**彼らは、休暇を終えて帰って来る。

4. **1945年**この作家は、教師の息子として京都で生まれた。

5. **時の経つうちに**、人々は彼のことを忘れていった。

6. 彼はいつものように**時間ぎりぎりに**やってきた。

7. 両親は息子に、**クリスマス**プレゼントに自転車を贈る。

8. **ナポレオンの時代**、人々はドイツでどのように暮らしていたのだろう？

―――\ 補足メモ /―――

1. Mitte Februar は無冠詞。Anfang や Ende の場合も同様。
7. 宗教上の祝祭日には zu を用いる。
8. 時代を表す場合も zu を用いる。

☆時間を表す前置詞には **an**、**in**、**zu** などがあり、**an** は主に日付や曜日、**in** は季節や月を表現する時に用いられる。

☆ **im letzten Augenblick** のように、重要な熟語的表現も多い。

1. **Mitte Februar** gehen Studenten nach Deutschland, um am Deutschkurs der Universität zu Köln teilzunehmen.

2. Der Redewettbewerb findet **am 1. Dezember** statt.

3. **In der kommenden Woche** kehren sie aus dem Urlaub zurück.

4. **Im Jahre 1945** wurde der Schriftsteller als Sohn eines Lehrers in Kyoto geboren.

5. **Im Laufe der Zeit** vergaß man den Schriftsteller.

6. Er kam wie immer **im letzten Augenblick**.

7. Die Eltern schenken dem Sohn ein Fahrrad **zu Weihnachten**.

8. Wie lebte man **zur Zeit Napoleons** in Deutschland?

時を表す前置詞の基本的な用法

渡り鳥が南の国へ飛んでいく。

DIE ZUGVÖGEL FLIEGEN <u>NACH</u> DEM SÜDEN.

PRÄP

🔊 019

1 もう何年も前から、彼は**田舎**に住んでいる。

2 放課後、子供たちはサッカーをするために**運動場**に行く。

3 週末に私たちはバーベキューをするために**海辺**に行く。

4 渡り鳥が**南の国**へ飛んでいく。

5 2匹の犬が彼の**足もと**に横たわっていた。

6 **町まで**はまだかなり遠い。

7 来年の夏、ホフマン一家はお隣の家族と一緒に**アルプス**に行く。

8 私たちの娘は冬休みにクラスメートと**スイス**へスキーに行く。

―――\ 補足メモ /――――

7 Alpen は複数。
8 Schweiz は女性名詞。

文法をおさえよう

☆「〜に、〜へ」の表現には主に an、auf、in、nach、zu が用いられます。
☆ nach は無冠詞の地名と、in は定冠詞つきの地名と結びつきます（⑧）。また人のところへ行く時には zu を用います（例：彼のところへ zu ihm）。

1. Schon seit mehreren Jahren wohnt er **auf dem Lande**.

2. Nach der Schule gehen die Kinder **auf den Sportplatz**, um Fußball zu spielen.

3. Am Wochenende gehen wir zum Barbecue **an die See**.

4. Die Zugvögel fliegen **nach dem Süden**.

5. Zwei Hunde lagen **zu seinen Füßen**.

6. **Bis zur Stadt** ist es noch sehr weit.

7. Nächsten Sommer fährt Familie Hoffmann mit ihrer Nachbarfamilie **in die Alpen**.

8. Unsere Tochter fährt in den Winterferien mit ihren Klassenkameraden **in die Schweiz**, um dort Ski zu fahren.

へ用いられる前置詞の基本的な用法

私はただ退屈しのぎに本を読む。

ICH LESE DAS BUCH NUR <u>AUS</u> LANGEWEILE.
PRÄP

🔊 **020**

1. 彼はその男に**人のよさゆえ**大金を貸した。

2. 私はただ**退屈しのぎに**本を読む。

3. パウルは**うっかりして**友人のコートを持って行ってしまった。

4. その事故はパイロットの**不注意から**起きた。

5. 彼女は**怒りのあまり**ほとんど話すことができなかった。

6. **個人的な理由で**彼女はその会合に出席しなかった。

7. 彼は**不安だったので**不本意ながらそうした。

8. その知らせを聞いて、彼女は**うれし**涙を流した。

\ 補足メモ /

1 eine große Summe Geld は viel Geld を少し誇張した言い方。
4 Pilot は男性弱変化名詞。

70

● 文法をおさえよう

☆「〜から」「〜のために」のような原因・理由を表す前置詞に **aus** と **vor** があります。ほとんどが熟語的な重要な用法です。

1. Er hat dem Mann **aus Gutmütigkeit** eine große Summe Geld geliehen.

2. Ich lese das Buch nur **aus Langeweile**.

3. Paul nahm **aus Versehen** den Mantel seines Freundes mit.

4. Der Unfall geschah **aus Unvorsichtigkeit** des Piloten.

5. Sie konnte **vor Ärger** kaum sprechen.

6. **Aus privaten Gründen** hat sie am Treffen nicht teilgenommen.

7. Er hat es ungewollt **aus Angst** getan.

8. Als sie das gehört hat, hat sie **vor Freude** geweint.

よく用いられる前置詞の基本的な用法

21

あなたは「自由」という言葉を、どのように理解しますか？

WAS <u>VERSTEHEN</u> SIE <u>UNTER</u> „FREIHEIT"?
　　　　　V　　　　　PRÄP

🔊 021

1 彼女の課題は、このテキストをミスなくドイツ語に翻訳**する**ことだ。

2 君が今行くのが**一番いいと私は思う**。

3 彼が私たちに示した**提案**を、私は全く無意味なもの**と思う**。

4 彼女は、住まいの**清潔さと秩序を大事だとは思わ**ない。

5 あなたは「自由」という言葉を、どのように**理解します**か？

6 私の母と妻はよく**理解し合って**いる。

7 彼女は**馬の扱い方が上手**だ。

8 **経済のことは私は全く分からない**。

＼補足メモ／

1 bestehen については 8 課も参照。

🔵 文法をおさえよう

☆動詞の中には結びつく前置詞によって意味の変わるものがあります。熟語的な表現も多いので、注意が必要です。

---

1 Ihre Aufgabe **besteht darin**, den Text fehlerfrei ins Deutsche zu übersetzen.

2 Ich **halte** es **für das beste**, wenn du jetzt gehst.

3 **Von dem Vorschlag**, den er uns gemacht hat, **halte** ich nichts.

4 Sie **hält** nichts **auf Sauberkeit und Ordnung** in der Wohnung.

5 Was **verstehen** Sie **unter „Freiheit"**?

6 Meine Mutter **versteht sich** gut **mit meiner Frau**.

7 Sie **versteht sich auf Pferde**.

8 **Von Wirtschaft verstehe** ich nichts.

22 「そのアルピニストは山小屋にいたので、暴風雨を避けることができた。」

IN DER HÜTTE WAR DER BERGSTEIGER <u>VOR DEM UNWETTER</u> <u>SICHER</u>.
　　　　　　　　　　　　　　　　　　　PRÄP3　　　　　　　　　ADJ

🔊 022

1 そのアルピニストは山小屋にいたので、**暴風雨を避けることができた**。

2 私は**彼が私を裏切らないと確信している**。

3 私たちはもう1時間も前から**出発の準備ができている**。

4 ドイツ滞在中、彼女はいつも**私たちに親切**だった。

5 私の友人は**犯人とは顔見知り**だった。

6 私は**あなたの提案には全く同意**できません。

7 両親は息子の**成績にとても満足**している。

8 およそ1時間前にこの建物で起きた**事故の責任は彼にある**。

――― ＼補足メモ／ ―――

2 前置詞の内容が dass の副文で表現された例。

🇨 文法をおさえよう

☆3格支配の前置詞と結びつく形容詞をまとめました。
☆形容詞はその語の意味から、結びつく前置詞もある程度特定することができます。

① In der Hütte war der Bergsteiger **vor dem Unwetter sicher**.

② Ich bin **davon überzeugt**, dass er mich nicht verrät.

③ Wir sind schon seit einer Stunde **zur Abfahrt bereit**.

④ Während unseres Aufenthaltes in Deutschland war sie immer **freundlich zu uns**.

⑤ Mein Freund war **mit dem Täter bekannt**.

⑥ Ich bin gar nicht **mit Ihrem Vorschlag einverstanden**.

⑦ Die Eltern sind **mit dem Zeugnis** ihres Sohnes ganz **zufrieden**.

⑧ Er ist **an dem Unfall schuld**, der vor ungefähr einer Stunde in diesem Gebäude geschah.

彼女は親の経済的な援助に頼らざるを得ない。

SIE IST <u>AUF</u> DIE FINANZIELLE HILFE IHRER ELTERN <u>ANGEWIESEN</u>.
PRÄP4   ADJ

🔊 023

1 SNS ユーザーは自分の**発言に責任を持つ**ことを忘れてはならない。

2 この件の**処理は**、文科省の**担当である**。

3 このやり方は、**いかにも彼らしい**。

4 彼女は親の**経済的な援助に頼らざるを得ない**。

5 私の両親は**あなたの訪問をとても喜んで**いました。

6 エマは**私の兄に恋をして**いる。

7 彼の家族は全員が**寒さに弱い**。

8 両親は 2 ヶ月間音沙汰のない**娘を心配して**いる。

───\ 補足メモ /───

8 完了の助動詞 hat の語順に注意が必要。lassen は不定詞と同形の過去分詞。

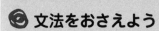
☆形容詞が4格支配の前置詞と結合した例です。熟語的な表現も多いので注意が必要です。

1 Die Benutzer von SNS dürfen nicht vergessen, dass sie **für ihre Äußerung verantwortlich** sind.

2 **Für die Bearbeitung** dieses Falles ist das Ministerium für Bildung und Wissenschaft **zuständig**.

3 Diese Methode ist **für ihn charakteristisch**.

4 Sie ist **auf die finanzielle Hilfe** ihrer Eltern **angewiesen**.

5 Meine Eltern waren **über Ihren Besuch** sehr **erfreut**.

6 Emma ist **verliebt in meinen Bruder**.

7 Seine ganze Familie ist **gegen Kälte empfindlich**.

8 Die Eltern sind **besorgt um ihre Tochter**, die zwei Monate lang nichts von sich hat hören lassen.

動詞・形容詞・名詞との結びつき

24 ●前置詞つき目的語をとる名詞
真理の探究がここでは重要なのだ。

ES HANDELT SICH HIER UM <u>DIE SUCHE</u> <u>NACH</u> DER WAHRHEIT.
                N   PRÄP

🔊 024

1 私は**彼を**おぼろげにしか覚えていない。

2 昨日から私は**膝が**痛い。

3 子供を**亡くした悲しみは**、彼らにとってあまりにも大きかった。

4 **真理の探究が**ここでは重要なのだ。

5 **あなたの立場は**大変よく**分かります**。

6 彼はすぐに**熱狂しがちな傾向が**ある。

7 私は彼から**バースデーパーティーへの招待状**を受け取った。

8 会議では**教育問題への取り組み**について議論された。

\補足メモ/

2 Schmerz は精神的な痛みの場合は単数を、肉体的な痛みの場合は複数を用います。
4 es handelt sich um... は「〜が問題である」という重要な非人称熟語です。

⑤ 文法をおさえよう

☆名詞が動詞から派生している場合は、①のように動詞に用いる前置詞がそのまま使えます。

① Ich habe nur **eine vage Erinnerung an ihn**.

② Seit gestern habe ich **Schmerzen im Knie**.

③ **Der Schmerz über den Verlust** des Kindes war ihnen viel zu groß.

④ Es handelt sich hier um **die Suche nach der Wahrheit**.

⑤ Ich habe durchaus **Verständnis für Ihre Situation**.

⑥ Er hat **eine Tendenz zum Fanatismus**.

⑦ Ich habe von ihm **eine Einladung zur Geburtstagsparty** bekommen.

⑧ In der Sitzung wurde **die Auseinandersetzung mit päda-gogischen Problemen** besprochen.

動詞・形容詞・名詞との結びつき

25 ●特別な意味を持つ前置詞①

「彼女の忠告に従って、彼は酒を やめた。」

AUF IHREN RAT HIN GAB ER DAS TRINKEN AUF.
PRÄP

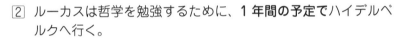

🔊 025

① 歩き方で彼が分かる。

② ルーカスは哲学を勉強するために、1 年間の予定でハイデルベルクへ行く。

③ 彼女の忠告に従って、彼は酒をやめた。

④ 来る日も来る日も雨だった。

⑤ 年のわりには彼は学ぶのが早い。

⑥ 私たちはその家を 10 万ユーロで買った。

⑦ 1 週間後にまた来て下さい！

⑧ 人々は民族衣装を着て歩いた。

――― ＼補足メモ／―――

③ hin は副詞で「auf + 4 格 + hin」で（4 格に基づいて）という用法。

文法をおさえよう

☆比喩的あるいは抽象的な意味で用いられる重要な前置詞の用法です。
☆それぞれの前置詞に、次のような意味上の名称が与えられています。
①根拠 ②予定の期間 ③呼応 ④連続 ⑤比較 ⑥代償 ⑦期間 ⑧着用

1. Man erkennt ihn **am Gang**.

2. Lukas reist **für ein Jahr** nach Heidelberg, um dort Philosophie zu studieren.

3. **Auf ihren Rat hin** gab er das Trinken auf.

4. Es hat **Tag für Tag** geregnet.

5. **Für sein Alter** lernt er schnell.

6. Wir haben das Haus **für 100 000 Euro** gekauft.

7. Kommen Sie heute **in acht Tagen** wieder!

8. Die Leute gingen **in ihren Volkstrachten**.

動詞・形容詞・名詞との結びつき

26 そのスリは見物人の中に紛れ込んで分からなくなった。

DER TASCHENDIEB MISCHTE SICH UNAUFFÄLLIG <u>UNTER</u> DIE ZUSCHAUER.

PRÄP

🔊 026

1 私は彼を**名前だけ**知っている。

2 私たちは**フランクフルト経由で**ベルリンへ飛んだ。

3 そのスリは**見物人の中に紛れ込んで**分からなくなった。

4 その病人は**大変痛み苦しみながら**亡くなった。

5 それは**特に重要**だ。

6 子供たちは**怖くて震えた**。

7 彼にとってはゴルフの方が**家族よりもっと大事**なのだ。

8 **驚いたことに**彼らはそこにはもういなかった。

――― 補足メモ ―――

1 nach は基準を表す時のみ後置も可能。

☆25課の続きです。意味上の名称と一緒に覚えると分かりやすいので、以下に書いておきます。

①基準 ②経由 ③混在 ④状況 ⑤性質 ⑥原因 ⑦優先 ⑧結果

---

① Ich kenne ihn **nur dem Namen nach**.

---

② Wir sind **über Frankfurt** nach Berlin geflogen.

---

③ Der Taschendieb mischte sich unauffällig **unter die Zuschauer**.

---

④ Der Kranke starb **unter großen Schmerzen**.

---

⑤ Das ist **von besonderer Bedeutung**.

---

⑥ Die Kinder zitterten **vor Angst**.

---

⑦ Bei ihm kommt das Golf noch **vor der Familie**.

---

⑧ **Zu meinem Erstaunen** waren sie nicht mehr da.

動詞・形容詞・名詞との結びつき

Part**4**

重要な
格支配について

それは首相の評判を著しく傷つけた。

DAS <u>HAT</u> <u>DEM</u> RUF DES MINISTERPRÄSIDENTEN SEHR <u>GESCHADET</u>.
HV   N3   V(PART Ⅱ)

 027

1 彼には勇気が欠けている。

2 彼女には**お人よしな**ところ**がある**。

3 この新居は**彼らの気にいった**。

4 彼女は学長として**大学に奉仕している**。

5 **彼女は**彼を説得**することができ**なかった。

6 それは首相の評判を著しく**傷つけ**た。

7 私たちは**ラジオ放送に耳を傾け**た。

8 この点に関しては私たちは**あなたに同意でき**ません。

──\ 補足メモ /────────────────────────────

4 als は「〜として」のように資格を表す時は無冠詞で用いる。

☆正しいドイツ文を作る上で、格の概念を無視することはできません。つまり
文の要となる動詞は、決まった格の名詞と結びつくようになっているのです。
ここでは3格の名詞を要求する重要な動詞をまとめておきましょう。

[1] Es **mangelt ihm** an Mut.

[2] **Ihr eignet** eine gewisse Gutmütigkeit.

[3] Die neue Wohnung hat **ihnen zugesagt**.

[4] Als Rektorin **dient** sie **der Universität**.

[5] Es **gelang ihr** nicht, ihn zu überreden.

[6] Das hat **dem Ruf** des Ministerpräsidenten sehr **geschadet**.

[7] Wir haben **einer Radiosendung zugehört**.

[8] In diesem Punkt können wir **Ihnen** nicht **zustimmen**.

動詞の格支配

28 「その警官は強盗の足に弾を撃ち込んだ。」

DER POLIZIST <u>HAT</u> DEM RÄUBER <u>EINE KUGEL</u> INS BEIN <u>GESCHOSSEN</u>.
HV   N4   V(PART Ⅱ)

🔊 028

1 その警官は強盗の足に**弾を撃ち込ん**だ。

2 母親は子供に**話し方を教える**。

3 彼女は**私に**ここで待つように**頼ん**だ。

4 私の**知人は**殺人の**容疑をかけられ**た。

5 私は**息子の態度を叱っ**た。

6 先生は**彼を**成績のことで**ほめた**。

7 彼は**彼女に**旅行に参加するかどうか**尋ねた**。

8 私の友人は私の妹に**結婚を約束**した。

＼補足メモ／

3 動詞の内容が zu 不定詞句で表現された例。

4 beschuldigen は「4格に2格の罪を帰する」の意味。2格が zu 不定詞句で代理されている。

7 fragen の内容が ob に導かれた副文で表されている。

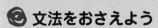

文法をおさえよう

☆動詞が目的語として4格の名詞を要求するケースです。重要な動詞を中心に、ドイツ語文の基本的な特徴を確認していきましょう。

① Der Polizist hat dem Räuber **eine Kugel** ins Bein **geschossen**.

② Die Mutter **lehrt** ihr Kind **das Sprechen**.

③ Sie **bat mich**, hier zu warten.

④ Man hat **meinen Bekannten beschuldigt**, einen Mord begangen zu haben.

⑤ Ich habe **meinen Sohn** wegen seines Verhaltens **getadelt**.

⑥ Der Lehrer **lobte ihn** für seine Leistung.

⑦ Er **fragte sie**, ob sie an der Reise teilnimmt.

⑧ Mein Freund hat meiner Schwester **die Ehe versprochen**.

動詞の格支配

日本の蒸し暑い夏はその旅人には合わなかった。

DER SCHWÜLE SOMMER IN JAPAN WAR <u>DEM REISENDEN</u> NICHT <u>ZUTRÄGLICH</u>.

N3   ADJ

🔊 029

① 彼を私は知らない。

② 私の姉は父に似ている。

③ 彼女は上司にいつも従順というわけではない。

④ 彼らは私にいつも好意的だった。

⑤ 彼の犬は彼にあくまで忠実だ。

⑥ こうしてその王国はこの若い英雄に支配されることになった。

⑦ あなたのご尽力を心からありがたく思います。

⑧ 日本の蒸し暑い夏はその旅人には合わなかった。

――― \補足メモ/ ―――

⑧ dem Reisenden は現在分詞 reisend の名詞的用法、男性3格。

🔵 文法をおさえよう

☆形容詞も決まった格を要求します。ここでは３格の名詞と結びつく重要な形容詞をまとめてみましょう。

1 Er ist **mir fremd**.

2 Meine Schwester ist **dem Vater ähnlich**.

3 Sie ist **ihrem Vorgesetzten** nicht immer **gehorsam**.

4 Sie waren **mir** immer **gewogen**.

5 Sein Hund bleibt **ihm treu**.

6 Nun war das Reich **dem jungen Helden untertan**.

7 Für Ihre freundliche Mühe bin ich **Ihnen** sehr **verbunden**.

8 Der schwüle Sommer in Japan war **dem Reisenden** nicht **zuträglich**.

形容詞の格支配

30 ● 4格支配の形容詞

この車の長さは 4 メートルだ。

DER WAGEN IST <u>VIER METER</u> <u>LANG</u>.

N4　**ADJ**

🔊 030

① この車の**長さ**は 4 メートルだ。

② ようやく彼は花粉症から**解放された**。

③ この子供は**生後**やっと 1 ヶ月だ。

④ この箱の**重さ**は 50 キログラム**ある**。

⑤ その建物は **6 階建て**だ。

⑥ その川は**幅**が 30 メートル**ある**。

⑦ その板は**厚さ**が 5 センチ**ある**。

⑧ 私の**身長**は 1 メートル 75 センチだ。

――\補足メモ/――――

① vier Meter は数量を表す 4 格。
④ Zentner はドイツで 50 キログラムを表す重量単位。
⑤ 建物の階は、ふつう 1 階を除いて数える。

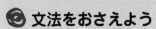

文法をおさえよう

☆4格支配の形容詞を、数量単位を用いた表現を中心に確認していきましょう。

① Der Wagen ist **vier Meter lang**.

② Endlich ist er **den Heuschnupfen los**.

③ Das Kind ist erst **einen Monat alt**.

④ Der Kasten ist **einen Zentner schwer**.

⑤ Das Haus ist **fünf Stockwerke hoch**.

⑥ Der Fluss ist **30 Meter breit**.

⑦ Das Brett ist **fünf Zentimeter dick**.

⑧ Ich bin **1,75m groß**.

形容詞の格支配

Part**5**

形容詞と数詞の
特徴的な用法

31

●付加語的用法における注意点

人々は新しく、面白くそしてわくわくさせるコンピューターゲームを求めている。

DIE LEUTE VERLANGEN NACH <u>NEUEN</u>, <u>INTERESSANTEN</u> UND <u>SPANNENDEN</u> COMPUTERSPIELEN.
　　　　　　　　　　　　ADJ　　　　ADJ　　　　　　ADJ

🔊 031

① 人々は**新しく、面白くそしてわくわくさせる**コンピューターゲームを求めている。

② そのゲームが今**日本中**で流行っている。

③ 彼は**ドレースデン銀行**にたくさんの預金がある。

④ 彼女はパーティーで**バラ色のワンピース**を着ていた。

⑤ **20 世紀の** 50 年代にこの歌は流行っていた。

⑥ **暗い部屋**で私はいすにぶつかった。

⑦ 私たちは**小声**で話さなければならなかった。

⑧ 向こうの方に、**高い山**が見える。

\補足メモ/

⑥ -el に終わる形容詞は語幹の e を省く。
⑦ -e に終わる形容詞は格語尾の e を省く。
⑧ 格変化の際に c が脱落し、hoh- となる。

❸ 文法をおさえよう

☆形容詞は名詞の前に置かれた場合格語尾が必要ですが、その際の実際的な注意点について、ここで確認しておきましょう。

－名詞の前に形容詞が並列的に現れる場合、形容詞には同一の格語尾がつけられる（①）。
－中性の国名の前に冠詞を伴わず単独で付加された **ganz** は格語尾がつかない（②）。
－国名や地名に **-er** をつけて作られた形容詞は変化しない（③）。
－名詞から作られた外来の色彩を表す形容詞は変化しない（④）。
－「何十年代」を表す言い方においても格語尾はつかない（⑤）。

① Die Leute verlangen nach **neuen, interessanten** und **spannenden** Computerspielen.

② Das Spiel ist jetzt in **ganz Japan** in Mode.

③ Er hat auf der **Dresdner Bank** viel Geld.

④ Auf der Party hat sie **ein rosa Kleid** getragen.

⑤ In den Fünfzigerjahren **des zwanzigsten Jahrhunderts** war dieses Lied in Mode.

⑥ **Im dunklen Zimmer** bin ich an den Stuhl gestoßen.

⑦ Wir mussten **mit leiser Stimme** sprechen.

⑧ Da drüben sieht man **einen hohen Berg**.

形容詞の用法

32

●述語的用法のみ可能な形容詞

彼は自分の誤りに気づいた。

ER WURDE SEINEN IRRTUM <u>GEWAHR</u>.

ADJ

🔊 032

1 彼は娯楽が**大嫌い**だ。

2 全てはあの男の**せい**だ。

3 彼は**無一文**になった。

4 この契約は**無効**だ。

5 彼女は仕事を**すっかり**仕上げた。

6 それはごく**当たり前の**ことだ。

7 彼は自分の誤りに**気づいた**。

8 翌日警察はその窃盗犯を**捕らえる**ことができた。

＼補足メモ／

1 元来名詞であったもの。2も同様。
3 いわゆる俗語に属するもの。
4 慣用的な対語になっているもの。56も同様。

☑ 文法をおさえよう

☆形容詞はそのままの形で述語的あるいは副詞的に用いられたり、あるいは名詞の付加語となって格変化して用いられる場合があります。多くの形容詞は全ての用法に対応できますが、用法において制限を受ける形容詞もあるので注意が必要です。まず述語的用法のみ可能な形容詞から見ていきましょう。

1 Er ist allen Vergnügungen **feind**.

2 Der Mann ist an allem **schuld**.

3 Sein ganzes Geld ist **futsch**.

4 Der Vertrag ist **null und nichtig**.

5 Sie ist **fix und fertig** mit ihrer Arbeit.

6 Das ist nur **recht und billig**.

7 Er wurde seinen Irrtum **gewahr**.

8 Am nächsten Tag konnte die Polizei des Diebes **habhaft werden**.

7 複合形として用いられるのが一般的であるもの。8も同様。

33 ●付加語的用法のみ可能な形容詞
当地の住民は大変敬虔だ。

DIE <u>HIESIGE</u> BEVÖLKERUNG IST SEHR FROMM.

ADJ

🔊 033

① これは**昨日**の新聞だ。

② 私たちは**旧師**を病院に見舞った。

③ **当地**の住民は大変敬虔（けいけん）だ。

④ 湖の**向こう側**の岸にはたくさんの鳥が見える。

⑤ 彼は**父親**の商売を誇りに思っている。

⑥ 今図書館では**ゲーテ**の作品を整理している。

⑦ 彼女はイタリア製の**絹**のネクタイを彼にプレゼントした。

⑧ 彼は**強固**な意志の持ち主だ。

――― ＼補足メモ／ ―――

① 副詞から生じたもの。②③④も同様。
⑤ 名詞から派生したもの。⑥⑦⑧も同様。

🅰 文法をおさえよう

☆述語的にも副詞的にも用いられず、名詞に付加されて格変化した形でのみ使用可能な形容詞です。

① Das ist die **gestrige** Zeitung.

② Wir haben unseren **ehemaligen** Lehrer im Krankenhaus besucht.

③ Die **hiesige** Bevölkerung ist sehr fromm.

④ Am **jenseitigen** Ufer des Sees sieht man viele Vögel.

⑤ Er ist stolz auf das **väterliche** Geschäft.

⑥ In der Bibliothek ordnet man jetzt die **Goethischen** Werke.

⑦ Sie hat ihm eine italienische **seidene** Krawatte geschenkt.

⑧ Er hat einen **eisernen** Willen.

形容詞の用法

34 ●名詞的用法の注意点①

彼はその小説をドイツ語から日本語に翻訳した。

ER HAT DEN ROMAN AUS <u>DEM DEUTSCHEN</u> INS <u>JAPANISCHE</u> ÜBERSETZT.
　　　　　　　　　　　　　ADJ　　　　　　　ADJ

🔊 034

[1] 1人の年老いた**病人**が病院に運ばれてきた。

---

[2] 会場には**大人**も**子供**もみんな集まっていた。

---

[3] 彼は**老若**を問わず人気がある。

---

[4] 彼はその小説を**ドイツ語**から**日本語**に翻訳した。

---

[5] **彼のドイツ語**は悪くない。

---

[6] ホフマン教授は昨日「**現代のドイツ語**」というテーマで講演した。

---

[7] 留学生は私たちの大学で**日本語**と日本文化を学んでいる。

---

[8] この単語は**ドイツ語**で何と言いますか？

＼補足メモ／

[1] 名詞化された形容詞の前の形容詞も同一の語尾をとる。

① Ein alter **Kranker** wurde ins Krankenhaus gebracht.

② Im Saal war **Groß und Klein** versammelt.

③ Er ist beliebt bei **Alt und Jung**.

④ Er hat den Roman aus **dem Deutschen ins Japanische** übersetzt.

⑤ **Sein Deutsch** ist nicht schlecht.

⑥ Professor Hoffmann hat gestern zum Thema „**Heutiges Deutsch**" gesprochen.

⑦ An unserer Universität studieren ausländische Studenten **Japanisch** und Japanische Kultur.

⑧ Wie heißt dieses Wort **auf Deutsch**?

形容詞の用法

35 ●名詞的用法の注意点②

「青信号の時は通りを横断してよい。」

BEI <u>GRÜN</u> DARF MAN DIE STRASSE ÜBERQUEREN.
ADJ

 035

1 週末には私たちは**郊外へ**出かける。

2 **青信号**の時は通りを横断してよい。

3 選手たちは**直線コース**に入った。

4 明日私たちは**電車で**行く。

5 １人がバイオリンを、**他の１人は**フルートを演奏した。

6 **彼らは**見知らぬ者どうしであった。

7 この問題は**簡単に**解決できる。

8 **ずっと以前から**私たちは彼と親密な関係にある。

＼補足メモ／

③ 女性の名詞化形容詞で「人」以外を表すもの。④も同様。

☆名詞的用法において特徴的な点をさらに挙げれば、色彩を表す形容詞から作られた中性の名詞化形容詞は定冠詞を伴って弱変化語尾を持ったものと、無語尾のものと2つの形があることです（①・②）。
また小文字書きされる名詞化形容詞も散見されます（⑤～⑧）。しかしこれらは大文字書きも可能です。

① Am Wochenende fahren wir **ins Grüne**.

② Bei **Grün** darf man die Straße überqueren.

③ Die Läufer sind in **die Gerade** eingebogen.

④ Morgen fahren wir **mit der Elektrischen**.

⑤ **Der eine** spielte Geige, **der andere** Flöte.

⑥ **Der eine** kannte **den anderen** nicht.

⑦ Das Problem kann man **ohne weiteres** lösen.

⑧ **Seit langem** sind wir mit ihm innig befreundet.

形容詞の用法

彼女は教師としてよりも、音楽家としてよく知られている。

SIE IST <u>BEKANNTER</u> ALS MUSIKERIN <u>DENN</u> ALS LEHRERIN.

ADJ **KONJ**

🔊 036

① 彼は私と**ちょうど同じ年齢**だ。

② 彼女は私と**同じくらい速く**走った。

③ 彼らは**全く幸福ではなか**った。

④ 彼は節約家**というよりはむしろ**けちだ。

⑤ 彼女は教師として**よりも**、音楽家として**よく知られている**。

⑥ **速く**車を走らせれば、**それだけ危険も大きく**なる。

⑦ 別れはつらかったが、**それだけまた再会の喜びも大きい**。

⑧ **中年の婦人**が老人に駅への道を尋ねた。

＼補足メモ／

① 程度が同じことを強調する時は ebenso / genauso / geradeso を用いる。
② wie に導かれた比較表現は枠外配置される。
③ 「nichts weniger als...」で「全く〜ではない」という強い否定を表す。

❸ 文法をおさえよう

☆形容詞の原級と比較級の重要な用法についてまとめてみましょう。たとえば⑤は als の重複を避けて denn を用いるケース。また⑧は絶対比較級の用法です。

① Er ist **ebenso** alt **wie** ich.

② Sie ist **so** schnell gelaufen **wie** ich.

③ Sie waren **nichts weniger als** glücklich.

④ Er ist **weniger** sparsam **als** geizig.

⑤ Sie ist **bekannter** als Musikerin **denn** als Lehrerin.

⑥ **Je schneller** man fährt, **desto[umso] größer** ist die Gefahr.

⑦ Der Abschied war schwer, **um so größer** ist die Freude des Wiedersehens.

⑧ **Eine ältere Dame** hat einen alten Mann nach dem Weg zum Bahnhof gefragt.

④「weniger ~ als...」で「~よりはむしろ……」。
⑥ 語順にも注意が必要。
⑦「um so +比較級」が独立したケース。

●形容詞の比較表現②

これは他に類を見ないほど複雑な機械だ。

DAS IST <u>BEI WEITEM</u> DAS <u>KOMPLIZIERTESTE</u> GERÄT.
    A   ADJ

🔊 037

1 彼は私たちの**最愛の**友であった。

2 ハンナは学校で**誰よりも断然**勤勉だ。

3 これは**他に類を見ない**ほど複雑な機械だ。

4 全ての社員の中で、彼が**一番**能力が**ない**。

5 **どんなに小さな**ミスも見落としてはならない。

6 私は仕事を**大急ぎで**片づけた。

7 社長は**最高に**ご機嫌だった。

8 彼女は私に**極めて**丁重に挨拶した。

―――\ 補足メモ /―――

4 3つ以上の対象について、程度が最も低いことを表す表現。

☆最上級の特徴的な表現形式をまとめておきましょう。最上級の意味を
さらに強める方法として、**aller-** と組み合わせた形を使う（①・②）、**bei
Weitem** を用いる（③）、などがあります。絶対最上級の用法も重要です（⑤
〜⑧）。

① Er war unser **allerliebster** Freund.

② Hanna ist das **allerfleißigste** Mädchen in der Schule.

③ Das ist **bei Weitem** das komplizierteste Gerät.

④ Von allen Angestellten ist er **am wenigsten** tüchtig.

⑤ **Jeden kleinsten Fehler** darf man nicht übersehen.

⑥ Ich habe die Arbeit **in größter Eile** erledigt.

⑦ Der Chef war **bei bester Laune**.

⑧ Sie begrüßte mich **aufs höflichste**.

形容詞の用法

彼女が最初に部屋から出て行った。

SIE GING ALS ERSTE AUS DEM ZIMMER.
ADJ

 038

1　彼らは 2 人で遊んだ。

2　私たち 2 人ともそれに参加しなければならない。

3　それは私たち 2 人にとって大きな喜びだ。

4　2 人とも健康だ。

5　ドイツの人口は 8300 万以上だ。

6　彼らは 3 人でやってきた。

7　彼はいつも朝一番にやって来る。

8　彼女が最初に部屋から出て行った。

——\ 補足メモ /——

🔵 文法をおさえよう

☆数詞の語尾変化についてここでまとめておきましょう。なぜなら数詞は数形容詞とも呼ばれるように、その統語的特徴から形容詞の一種であると考えられるからです。

☆ **zwei** の特別な意味で **beide** が用いられることがあります（②・③・④）。**wir** の後では強変化が一般的です。

☆名詞的用法も重要です（⑦・⑧）。

---

① Sie spielten **zu zweit**.

---

② **Wir beide** müssen daran teilnehmen.

---

③ Das ist **für uns beide** eine große Freude.

---

④ **Alle beide** sind gesund.

---

⑤ Deutschland hat über **83 Millionen** Einwohner.

---

⑥ Sie kamen **zu dritt**.

---

⑦ Er ist morgens immer **der Erste**.

---

⑧ Sie ging **als Erste** aus dem Zimmer.

数詞の用法

39 ●その他の数詞・不定代名詞など
3分の1本分のワインで、彼は酔ってしまった。

MIT <u>EINER DRITTEL</u> FLASCHE WEIN HAT ER SICH BETRUNKEN.
ADJ

 039

1 **3分の1本分**のワインで、彼は酔ってしまった。

---

2 分かち合えば、喜びは**2倍**になる。

---

3 **皆さん**下車願います。

---

4 それは**悪くない**アイデアだ。

---

5 私たちの**誰も**それに参加しなかった。

---

6 それについては私たちはもう彼女から**少しばかり**聞いています。

---

7 私たちのうちの**何人も**がその UFO を見た。

---

8 彼はまだ私の仕事の手伝いが**できる年ではない**。

\補足メモ/

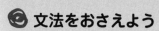
☆分数や倍数、あるいは不定数詞や不定代名詞についても練習しておきましょう。重要な表現も多くあります。

① Mit **einer drittel Flasche** Wein hat er sich betrunken.

② Geteilte Freude ist **doppelte** Freude.

③ **Alles** aussteigen!

④ Das ist **keine schlechte** Idee.

⑤ **Keiner** von uns hat daran teilgenommen.

⑥ Davon haben wir schon **einiges** von ihr gehört.

⑦ **Manch einer** von uns hat das Ufo gesehen.

⑧ Er ist **noch nicht alt genug**, um mir bei der Arbeit zu helfen.

数詞の用法

Part **6**

役に立つ重要な
表現を身につけよう

40

●受動的表現① (「werden+ 過去分詞」で書き換えられるもの)

彼の望みはたやすく実現されうる。

SEIN WUNSCH <u>IST</u> LEICHT <u>ZU ERFÜLLEN</u>.
          V   ZU+INF

🔊 040

1. オーストリアでもドイツ語が**話される**。

2. そのホテルは来年**再建される**予定だ。

3. この本は**よく売れる**。

4. ドアが**開かれ**また**閉じられ**た。

5. この問題は**容易に解決できる**。

6. この単語を**翻訳するのは**難しい。

7. 彼の望みはたやすく**実現されうる**。

8. その課題は明日までに**片付けられ**ねばならない。

――― 補足メモ ―――

5. 次のように書き換えられる。⇒ Das Problem kann leicht gelöst werden.

7. ⇒ Sein Wunsch kann leicht erfüllt werden.

🔵 文法をおさえよう

☆本来の受動態の他にも、同じ意味内容を表すことのできる形式がいくつかあります。それぞれ大事なものばかりです。

- **man** を主語にしたもの（①・②）
- 他動詞を再帰的に用いたもの（③・④）
- **sich** ＋不定詞＋ **lassen** を用いたもの（⑤・⑥）
- **sein** ＋ **zu** 不定詞を用いたもの（⑦・⑧）

① Auch in Österreich **spricht man** Deutsch.

② **Man wird** nächstes Jahr das Hotel wieder **aufbauen**.

③ Das Buch **verkauft sich gut**.

④ Die Tür **öffnete sich** und **schloss sich** wieder.

⑤ Das Problem **lässt sich leicht lösen**.

⑥ Das Wort **lässt sich schwer übersetzen**.

⑦ Sein Wunsch **ist** leicht **zu erfüllen**.

⑧ Die Aufgabe **ist** bis morgen **zu erledigen**.

様々な受動的表現

「このソファーはとても座り心地が いい。」

AUF DIESEM SOFA <u>SITZT</u> <u>ES</u> <u>SICH</u> SEHR <u>BEQUEM</u>.

V + **ES** + **SICH** + **ADJ**

🔊 041

① 彼はこのネクタイを彼女に**プレゼントしてもらった**。

② 彼女はこの商品を**送ってもらった**。

③ 彼はその郵便を**転送してもらった**。

④ 私は小包を**航空便で**郵送してもらう。

⑤ この万年筆は**書きやすい**。

⑥ このソファーはとても**座り心地がいい**。

⑦ この町は**住み心地がいい**。

⑧ その店は**閉められたままだ**。

―――― 補足メモ ――――

④ erhalten - bekommen - kriegen の順に意味がくだけた調子になる。

文法をおさえよう

☆このグループも大事な表現ばかりです。

- **bekommen/erhalten/kriegen** ＋過去分詞を用いたもの（⓵〜⓸）
- **es** ＋自動詞＋ **sich** ＋形容詞（⓹〜⓻）・**bleiben** ＋過去分詞（⓼）

☆このグループは「**werden** ＋過去分詞」を用いて書き換える場合、文成分を変更する必要が生じます。たとえば⓵は次のようになります。
⇒ **Diese Krawatte ist ihm von ihr geschenkt worden.**

⓵ Er hat diese Krawatte von ihr **geschenkt bekommen**.

⓶ Sie hat die Ware **geschickt bekommen**.

⓷ Er **erhielt** die Post **nachgeschickt**.

⓸ Ich **kriege** das Paket **mit Luftpost befördert**.

⓹ Es **schreibt sich gut** mit diesem Füller.

⓺ Auf diesem Sofa **sitzt es sich sehr bequem**.

⓻ In dieser Stadt **wohnt es sich gut**.

⓼ Der Laden **bleibt geschlossen**.

様々な受動的表現

42 すみませんがバターを取っていただけますか！

SEIEN SIE BITTE SO FREUNDLICH, MIR DIE BUTTER ZU REICHEN!
KONJ. I

🔊 042

1 もう遅い。**タクシーに乗りなさい**！

2 **そんなにけちけちするな**！

3 **さあ出発しよう**！

4 **そろそろ行きましょう**！

5 **ちょっと待って下さい**！

6 気をつけて**お帰り下さい**！

7 **すみませんがバターを取っていただけますか**！

8 誰も我々の仕事の**邪魔をするな**。

＼補足メモ／

1 現在人称変化で e が i または ie に変わる動詞は、du に対する命令形でも e を変える。
2 sein のみ例外。

(120)

② 文法をおさえよう

☆命令的表現をまとめるにあたり、まず本来の命令法や接続法第１式を用いた要求話法を確認しておきましょう。

1. Es ist schon spät. **Nimm doch ein Taxi**!

2. **Sei nicht** so **geizig**!

3. **Lass uns** jetzt **aufbrechen**!

4. **Wir wollen** langsam **gehen**!

5. **Wollen Sie** bitte einen Augenblick **warten**!

6. **Kommen Sie** gut **nach Hause**!

7. **Seien Sie** bitte **so freundlich**, mir die Butter zu reichen!

8. **Niemand störe** uns bei der Arbeit!

様々な命令的表現

急いでご乗車ください！

🔊 **043**

1 急いでご乗車ください！

2 早く起きて服を着なさい！

3 注意！

4 お入り！

5 お前はここにいろ！

6 さあ、宿題をしなさいよ！

7 彼女をすぐに町に行かせなさい！

8 きっと彼にそれを言ってくれ！

───＼補足メモ／───

1 呼びかけ、公衆に対する指示。
2 強い呼びかけ、指示。
5 高圧的な命令。

☆命令や指示を表す場合、命令法や接続法以外にも次のような様々な表現形式
があります。

①不定詞によるもの 　　②過去分詞によるもの 　　③名詞によるもの
④方向規定によるもの 　⑤現在形によるもの 　　　⑥未来形によるもの
⑦話法の助動詞によるもの 　⑧副文によるもの

---

① Bitte schnell **einsteigen**!

---

② Schnell **aufgestanden** und **dich angezogen**!

---

③ **Achtung**!

---

④ **Herein**!

---

⑤ **Du bleibst hier**!

---

⑥ Du **wirst** nun deine Schulaufgaben **machen**!

---

⑦ Sie **soll** sofort in die Stadt **gehen**!

---

⑧ **Dass du** es ja ihm **sagst**!

様々な命令的表現

●冠飾句① （現在分詞が基礎になるもの）

1人の老人がそのひどく風に揺れている木を眺めていた。

EIN ALTER MANN BEOBACHTETE DEN <u>STARK IM WIND SCHWANKENDEN</u> BAUM.

PART. I

🔊 044

1 **熱心にドイツ語を学んでいる**学生たちは、夏休みにドイツに行きます。

2 **隣室でチェスをしている**男たちは、私の知り合いです。

3 **あそこのホールで催される**コンサートのチケットはもう売り切れた。

4 **赤いリュックサックを背負った**少女が、私に駅への道を尋ねた。

5 **その10年間も糖尿病で悩んでいる**男は、私の同僚です。

6 1人の老人がその**ひどく風に揺れている**木を眺めていた。

7 **車の中で泣いている**赤ん坊は、私の姉の娘です。

8 **次の会議で解決されねばならない**問題はたくさんある。

―――＼補足メモ／―――

1 現在分詞の作り方：lernen + d = lernend。
8 未来分詞が基礎になった例。

📖 文法をおさえよう

☆冠飾句とは、付加語的に用いられた形容詞や分詞の前に目的語や副詞がついて、長い修飾句になったものです。ドイツ語に特徴的な構造で、よく用いられる大事な表現形式です。関係文の書き換えと考えると分かりやすいです。つまり **die fleißig Deutsch lernenden Studenten**（熱心にドイツ語を学んでいる学生たち）では、定冠詞 **die** と名詞 **Studenten** の間に置かれた **fleißig Deutsch lernenden** という部分が冠飾句です。現在分詞が冠飾句の核になっています。

1. Die **fleißig Deutsch lernenden** Studenten fahren in den Sommerferien nach Deutschland.

2. Die **im Nebenzimmer Schach spielenden** Männer sind meine Bekannten.

3. Die Karten des **morgen in diesem Saal stattfindenden** Konzertes sind schon ausverkauft.

4. Ein einen **roten Rucksack tragendes** Mädchen hat mich nach dem Weg zum Bahnhof gefragt.

5. Der **schon 10 Jahre an Zuckerkrankheit leidende** Mann ist mein Kollege.

6. Ein alter Mann beobachtete den **stark im Wind schwankenden** Baum.

7. Das **im Auto weinende** Baby ist die Tochter meiner Schwester.

8. Die **bei der nächsten Sitzung zu lösenden** Probleme sind sehr viele.

様々な冠飾句

45

1週間前に降った雪がまだ残っている。

DER <u>VOR ACHT TAGEN GEFALLENE</u> SCHNEE BLEIBT NOCH.

PART. Ⅱ

🔊 045

① 1週間前に降った雪がまだ残っている。

② その学者によって開発された治療薬が彼らの命を救った。

③ その事故で亡くなった人たちは、みんな学生だった。

④ その十分な知識が必要とされる旅行には、多くの人々が申し込んだ。

⑤ 先月注文した本がまだ届かない。

⑥ その陸地と結ばれた島には、多くの漁師が暮らしている。

⑦ そのエンジニアに修理された車は私の兄のものです。

⑧ それは彼にとって有益な経験であった。

——＼補足メモ／——

⑧ 形容詞が基礎になった例。

📖 文法をおさえよう

☆このグループは過去分詞が冠飾句の核となったものです。過去分詞に形容詞の格変化語尾をつけるのを忘れないようにしなければなりません。

1. Der **vor acht Tagen gefallene** Schnee bleibt noch.

2. Das **von dem Forscher entwickelte** Heilmittel hat ihnen das Leben gerettet.

3. Die **beim Unglück zu Tode gekommenen** Leute sind alle Studenten.

4. Viele Leute haben sich zu der **gute Kenntnisse voraussetzenden** Reise angemeldet.

5. Das **letzten Monat bestellte** Buch kommt noch nicht an.

6. Auf der **mit dem Festland verbundenen** Insel leben viele Fischer.

7. Das **vom Ingenieur reparierte** Auto gehört meinem Bruder.

8. Es war eine **für ihn sehr heilsame** Erfahrung.

様々な冠飾句

あらゆる可能性を考慮に入れねばならない。

MAN MUSS ALLE MÖGLICHKEITEN <u>IN BETRACHT ZIEHEN</u>.

FVG

🔊 046

① あらゆる可能性を**考慮に入れ**ねばならない。

② 私はついに彼の住所を**知る**ことができた。

③ 彼女が彼の無実を**証明する**。

④ 彼の態度は彼女を**驚かせた**。

⑤ 私たちは新しいプロジェクトに**着手する**。

⑥ 君はぼくの部屋を**自由に使って**よい。

⑦ 昨日私は論文を**仕上げた**。

⑧ そのような行為は**罰せられる**べきだ。

——\ 補足メモ /——

① Betracht < betrachten　　② Erfahrung < erfahren
③ Beweis < beweisen　　④ Erstaunen < erstaunen
⑤ Angriff < angreifen　　⑥ Verfügung < verfügen

🔵 文法をおさえよう

☆動詞から作った動作名詞、あるいは動作名詞を含む前置詞句に形式的な機能動詞を添えて成句化した構造を練習します。特に「独検」の準1級合格のためには不可欠の知識です。このグループは動作名詞が決まった前置詞と結びついた構造の例です。

1. Man muss alle Möglichkeiten **in Betracht ziehen**.

2. Ich konnte endlich seine Adresse **in Erfahrung bringen**.

3. Sie **stellt** seine Unschuld **unter Beweis**.

4. Sein Benehmen **setzte** sie **in Erstaunen**.

5. Wir **nehmen** das neue Projekt **in Angriff**.

6. Du kannst mein Zimmer **zur Verfügung stellen**.

7. Gestern habe ich meinen Aufsatz **zum Abschluss gebracht**.

8. Eine solche Tat muss **unter Strafe gestellt** werden.

機能動詞構造

7 Abschluss < abschließen   8 Strafe < strafen

47 ●機能動詞構造② (前置詞を伴わないもの)

彼の理論は一般にその価値を認められた。

SEINE THEORIE HAT <u>ALLGEMEINE ANERKENNUNG GEFUNDEN</u>.

FVG

🔊 047

① 彼の理論は一般にその価値を**認められた**。

② 私は彼の命令に**従わ**なければならない。

③ 君は両親のことをもっと**考え**なければいけない。

④ 多くの人々が彼の映画を厳しく**批判**している。

⑤ 私たちの提案は残念ながら**注目され**なかった。

⑥ 彼女は課長に出張の**報告をし**なければならない。

⑦ 彼は車から降りずに私に**別れを告げ**た。

⑧ 彼らはその費用を負担する**取り決めをし**た。

\ 補足メモ /

① Anerkennung < anerkennen   ② Folge < folgen
③ Rücksicht < berücksichtigen   ④ Kritik < kritisieren
⑤ Beachtung < beachten   ⑥ Bericht < berichten

🔵 文法をおさえよう

☆このグループは動作名詞が決まった前置詞を必要としない構造の例です。動作名詞がどんな前置詞や機能動詞と結びつくかは、慣用的に決まっています。

① Seine Theorie hat allgemeine **Anerkennung gefunden**.

② Ich muss seinem Befehl **Folge leisten**.

③ Du solltest mehr **Rücksicht** auf deine Eltern **nehmen**.

④ Viele **üben** scharf an seinem Film **Kritik**.

⑤ Unser Vorschlag hat leider keine **Beachtung gefunden**.

⑥ Sie muss dem Chef über ihre Dienstreise **Bericht erstatten**.

⑦ Er **nahm** von mir **Abschied**, ohne aus dem Auto zu steigen.

⑧ Sie **trafen die Vereinbarung**, die Kosten dafür zu tragen.

機能動詞構造

---

⑦ Abschied ＜ verabschieden　　⑧ Vereinbarung ＜ vereinbaren

48
どの離婚も家庭裁判所によって協議されねばならない。

JEDE SCHEIDUNG <u>MUSS</u> VOM FAMILIENGERICHT AUSGESPROCHEN WERDEN.
        MV

 048

[1] その子供は 1 人で家に帰るのを怖がる。

[2] 彼はドイツ語を話すことができるに違いない。

[3] その病人は手術されなければならない。

[4] どの離婚も家庭裁判所によって協議されねばならない。

[5] 仕事の後、私はすぐに医者に行かねばならない。

[6] 彼がドイツ語を話すことができたことを誰も信じなかった。

[7] 彼女は泣かずにはいられなかった。

[8] 彼女は泣いたに違いない。

＼補足メモ／

[1] zu 不定詞句との結合。
[2] 他の話法の助動詞との結合。
[5] 方向を表す状況語がある場合、不定詞は省略可能。

☆英語と異なり、ドイツ語の話法の助動詞は **zu** 不定詞句が作れ、また過去分詞もあるのでその用途はかなり広いです。実際ドイツ人は話法の助動詞をよく用います。特に受動態と結びついた例がよく見られます（③・④）。

☆統語的には副文における完了の助動詞の位置（⑥）と、話法の助動詞の完了形と話法の助動詞が完了不定詞と結びついた構造の区別に注意が必要です（⑦・⑧）。

① Das Kind fürchtet sich, allein **nach Hause gehen zu müssen**.

② Er **muss** Deutsch **sprechen können**.

③ Der Kranke **muss operiert werden**.

④ Jede Scheidung **muss** vom Familiengericht **ausgesprochen werden**.

⑤ Nach der Arbeit **muss** ich sofort **zum Arzt**.

⑥ Niemand glaubte, dass er Deutsch **hat sprechen können**.

⑦ Sie **hat weinen müssen**.

⑧ Sie **muss geweint haben**.

話法の助動詞の特徴的な用い方

彼が本当にそんなことを言ったのだろうか？

SOLLTE ER DAS GESAGT HABEN?
MV

🔊 049

1 私は**医者になるように言われている**。

2 トランクを網棚に**のせましょうか**？

3 そんなことは決して**するべき**ではない。

4 もし**彼にお会いになったら**、くれぐれもよろしくお伝え下さい！

5 **彼が本当にそんなことを言ったのだろうか**？

6 彼女は**結婚したそうだ**。

7 彼らは**二度と再び**故郷を見ることはなかった。

8 すぐに私のところに**来てほしい**。

\補足メモ/

1 第３者の意思　2 相手の意思　3 道義的要求
4 仮定　5 疑惑　6 うわさ　7 運命　8 話者の意思

🔵 文法をおさえよう

☆ **sollen** は主語以外の者の意思を表すので、使い方には注意が必要です。それぞれの用法が個性的で、名前がつけられているくらいです。詳細は、補足メモを参照して下さい。

1 Ich **soll Arzt werden**.

2 **Soll ich** den Koffer ins Gepäcknetz **legen**?

3 Das **sollte** man nie **tun**.

4 **Sollten Sie ihn sehen**, so grüßen Sie ihn recht herzlich von mir!

5 **Sollte er** das **gesagt haben**?

6 Sie **soll geheiratet haben**.

7 Sie **sollten** ihre Heimat **nie wieder sehen**.

8 Du **sollst** gleich zu mir **kommen**.

50

人は食べるために生きるのではなく、生きるために食べるのだ。

MAN LEBT <u>NICHT</u>, UM ZU ESSEN, <u>SONDERN</u> MAN ISST, UM ZU LEBEN.

    KONJ   KONJ

🔊 000

① 彼は怠惰**ではなく**勤勉だ。

② 彼女は彼にメールを送った**のではなく**、直接電話をかけた。

③ 人は食べるために生きる**のではなく**、生きるために食べる**のだ**。

④ 学生たち**だけでなく**多くの教授たち**も**学園祭に参加した。

⑤ 彼女は働かなかった**だけでなく**、他の人たちの邪魔をした。

⑥ 彼は英語**も**ドイツ語**も**話す。

⑦ 彼女は英語**も**ドイツ語**も**話せ**ない**。

⑧ 彼らはサッカーを**したり**、散歩**したり**している。

＼補足メモ／

① 語句と語句を結びつけた例。
② 文と文を結びつけた例。

🌑 文法をおさえよう

☆一対の接続詞が互いに呼応して、語句と語句あるいは文と文を対照的に結ぶ もので、熟語として覚える必要があります。定動詞の位置にも注意が必要です。 また語句と語句が結びついた場合と、文と文が結びついた場合の違いにも注意 して下さい。

1 Er ist **nicht** faul, **sondern** fleißig.

2 Sie hat ihm **nicht** gemailt, **sondern** ihn direkt angerufen.

3 Man lebt **nicht**, um zu essen, **sondern** man isst, um zu leben.

4 **Nicht nur** die Studenten, **sondern auch** viele Professoren haben am Universitätsfest teilgenommen.

5 Sie hat **nicht nur** nicht gearbeitet, **sondern** die anderen gestört.

6 Er spricht **sowohl** Englisch **als auch** Deutsch.

7 Sie spricht **weder** Englisch **noch** Deutsch.

8 **Bald** spielen sie Fußball, **bald** gehen sie spazieren.

特殊的な接続詞

51

●相関的接続詞②

彼女は若いことは若いが、他方また経験も積んでいる。

<u>EINERSEITS</u> IST SIE JUNG, <u>ANDERERSEITS</u> HAT SIE SCHON ERFAHRUNG.

   KONJ   KONJ

🔊 050

1. 私たちはここでは英語**か**ドイツ語**を**話さなければならない。

2. おまえはお母さんの手伝いをする**か**、宿題**を**しなさい。

3. 君の言うことが正しい**か**、**それとも**私の思い違いかだ。

4. その老人は貧しかった**が**、幸せだった。

5. 彼らは非常に疲れていた**が**、さらに先へ進んだ。

6. **第一に**私たちには金がないし、**第二に**時間もない。

7. 彼女は若いことは若い**が**、**他方また**経験も積んでいる。

8. 私たちのスイス滞在中は、晴天の**時も**あれば雨の**時も**あった。

＼補足メモ／

1 語句と語句を結びつけた例。
2 文と文を結びつけた例。
3 entweder の後が倒置になった例。

☆よく用いられる相関的接続詞の続きです。それぞれの意味と語順にも注意が必要です。

① Wir müssen hier **entweder** Englisch **oder** Deutsch sprechen.

② **Entweder** du hilfst der Mutter **oder** du machst Hausaufgaben.

③ **Entweder** hast du Recht, **oder** ich habe mich geirrt.

④ Der Alte war **zwar** arm, **aber** glücklich.

⑤ Sie waren **zwar** sehr müde, **aber** sie gingen weiter.

⑥ **Erstens** haben wir kein Geld und **zweitens** keine Zeit.

⑦ **Einerseits** ist sie jung, **andererseits** hat sie schon Erfahrung.

⑧ Während unseres Aufenthaltes in der Schweiz hatten wir **teils** Sonnenschein, **teils** Regen.

特徴的な接続詞

52

● nicht と kein

私たちはそのことを知っているが、彼は知らない。

WIR WISSEN BESCHEID, ABER ER WEISS <u>NICHT</u> BESCHEID.

🔊 052

1. あなたは兄弟がいますか？
   —いいえ兄弟は**いません**。

2. あなたはワインを飲みますか？
   —いいえ、ワイン**ではなく**ビールを飲みます。

3. あなたはこのワインをまだ飲みますか？
   —いいえ、そのワインはもう飲み**ません**。

4. 私は日本人**ではなく**、韓国人です。

5. 彼に危険は**ない**。

6. 私たちはそのことを知っているが、彼は知ら**ない**。

7. 彼女はこの病院で看護師として働いているのでは**ない**。

8. 彼女は教師になら**ない**。

＼補足メモ／

5 成句表現においては nicht を用いる。6 も同様。
7 als と結んだ名詞の場合も nicht を用いる。
8 kein も可能。

💿 文法をおさえよう

☆ **kein** は不定冠詞つきの名詞か無冠詞の名詞の否定に用いるのが原則です。定冠詞つきの名詞や動詞と密接に結びついた成句の名詞の否定には **nicht** が用いられます。また **nicht** は、動詞や形容詞あるいは副詞などを否定する場合にも用いられます。

1. Haben Sie Geschwister?
   – Nein, ich habe **keine** Geschwister.

2. Trinken Sie Wein?
   – Nein, ich trinke **keinen** Wein, sondern Bier.

3. Trinken Sie den Wein noch?
   – Nein, den Wein trinke ich **nicht** mehr.

4. Ich bin **nicht** Japaner, sondern Koreaner.

5. Er ist **nicht** in Gefahr.

6. Wir wissen Bescheid, aber er weiß **nicht** Bescheid.

7. Sie arbeitet in diesem Krankenhaus **nicht** als Krankenpflege-rin.

8. Sie wird **nicht** Lehrerin.

否定の仕方について

53 その計画はお流れになった。

DER PLAN IST <u>INS WASSER GEFALLEN</u>.

RA

🔊 053

1 状況はまだ**不確か**だ。

2 彼女は私を**誤解**した。

3 私はそのことを**遠回し**に言った。

4 子供たちは教科書を**無償**でもらえる。

5 これらの飲み物にはアルコールは**含まれていない**。

6 彼はそんなことは**しなかった**と主張している。

7 彼女は彼にあまり飲みすぎないよう**注意した**。

8 その計画は**お流れ**になった。

――― \補足メモ/ ―――

1 接辞による否定。2〜5も同様。
6 否定の意味を持つ動詞による間接的な否定。7も同様。
8 慣用的な言い回しによる否定。

◎ 文法をおさえよう

☆ドイツ語において否定は語彙、接辞、非現実話法など、様々な手段によって実現されます。これらの方法を覚えておくと、表現の幅が大きくアップすることになります。個々のケースを練習していきましょう。

1 Die Situation ist noch **unklar**.

2 Sie hat mich **miss**verstanden.

3 Ich habe das **indirekt** ausgedrückt.

4 Die Kinder können die Schulbücher **kostenlos** bekommen.

5 Diese Getränke sind alkohol**frei**.

6 Er **leugnet**, dass er das getan hat.

7 Sie **warnte** ihn, zu viel zu trinken.

8 Der Plan ist **ins Wasser gefallen**.

54 よろしければどこで円をユーロに替えることができるか教えていただけますか？

KÖNNTEN SIE MIR VIELLEICHT SAGEN, WO MAN YEN IN EURO WECHSELN KANN?

KONJ. II

🔊 054

① お願いをしてもよろしいでしょうか？

② すみませんが手伝っていただけませんか？

③ 明日電話してもらえるかな？

④ 水を1杯いただけますでしょうか？

⑤ よろしければトランクを運ぶのを手伝っていただけますか？

⑥ よろしければ窓を開けていただけませんか？

⑦ よろしければ銀行へはどう行けばよいか教えていただけますか？

⑧ よろしければどこで円をユーロに替えることができるか教えていただけますか？

―――\ 補足メモ /――――

① 接続法第2式は過去形をベースにして作る。würden<werden。
③ wärest<sein ④ dürfte<dürfen ⑤ könnten< können

文法をおさえよう

☆ここでは「外交的接続法」と呼ばれる、接続法第2式を使った依頼の表現を練習します。

☆特に **Könnten Sie mir vielleicht ～不定詞？**（よろしければ…していただけませんか**？**）という接続法第2式を用いた形式は、ドイツ語で最も丁寧な依頼の表現です。ここでマスターして下さい。

1　**Würden Sie mir bitte** einen Gefallen tun?

2　**Würden Sie so freundlich sein**, mir zu helfen?

3　**Wärest du bitte so nett**, mich morgen anzurufen?

4　**Dürfte ich Sie** um ein Glas Wasser **bitten**?

5　**Könnten Sie mir vielleicht** mit dem Koffer helfen?

6　**Könnten Sie mir vielleicht** das Fenster aufmachen?

7　**Könnten Sie mir vielleicht** sagen, wie ich zur Bank komme?

8　**Könnten Sie mir vielleicht** sagen, wo man Yen in Euro wechseln kann?

55 すぐそうして下さればありがたいのですが。

ES WÄRE MIR LIEB, WENN SIE DAS GLEICH TUN WÜRDEN.
KONJ. II   KONJ. II

🔊 055

1 ネクタイをいただきたいのですが。

2 おいで下されば大変ありがたいのですが。

3 ここでコーヒーを1杯いただければありがたいのだが。

4 すぐそうして下さればありがたいのですが。

5 ちょっとあなたに質問をしたいのですが。

6 これをコピーしてもらいたいのですが。

7 ビールを1杯下さいませんか。

8 この用紙に記入していただけますか。

――― 補足メモ ―――

1 買い物の際の最もポピュラーな表現。
8 副文の形式を用いた例。

🔵 文法をおさえよう

☆このグループでは、接続法第2式を用いた様々な形式を集めました。日常最もよく使われる **möchte** をはじめ、重要な表現ばかりです。

① **Ich hätte gern** eine Krawatte.

② **Ich wäre Ihnen** sehr **dankbar**, wenn Sie kommen könnten.

③ **Ich könnte** jetzt einen Kaffee gebrauchen.

④ **Es wäre mir lieb**, wenn Sie das gleich tun würden.

⑤ **Ich möchte** Ihnen mal eine Frage stellen.

⑥ **Ich möchte** eine Kopie davon haben.

⑦ **Ich möchte gern** ein Glas Bier.

⑧ **Wenn Sie bitte** das Formular ausfüllen **würden**.

接続法第2式を用いた重要な表現

56

彼らはあまり興奮しすぎていて、その事故について話すことができなかった。

SIE WAREN VIEL ZU AUFGEREGT, ALS DASS SIE VON DEM UNFALL <u>HÄTTEN ERZÄHLEN KÖNNEN</u>.

KONJ. II

🔊 056

1 彼女は口もきけない**ほど**驚いている。

2 私の母は**頼まれもしないのに**、誰でも喜んで助ける。

3 彼は家族のことなど**気にもかけないで**、彼らを見捨てた。

4 その男は話すのが速**すぎて**、言っていることが**分からない**。

5 彼らはあまり興奮し**すぎていて**、その事故について**話すことができなかった**。

6 彼には、悩みを打ち**明けることのできるような**友人が１人もい**ない**。

7 私は君より勤勉な人間を**知らない**。

8 暇が**なかったわけではない**。

―――\ 補足メモ /―――

5 語順（hätten の位置）に注意。
7 語順（wäre の位置）に注意。

📀 文法をおさえよう

☆これは主文との関係で、副文の内容が結果的に非事実になる場合の表現で、副文には接続法第2式が用いられます。覚えておきたい重要な表現です。

1 Sie ist **so** erschrocken, **dass** sie nicht sprechen könnte.

2 Meine Mutter hilft jedem bereit willig, **ohne dass** man sie darum **bäte**.

3 Er verließ seine Familie, **ohne dass** er sich um sie **gekümmert hätte**.

4 Der Mann spricht **zu** schnell, **als dass** ich ihn **verstehen könnte**.

5 Sie waren viel **zu** aufgeregt, **als dass** sie von dem Unfall **hätten erzählen können**.

6 **Es fehlt** ihm ein Freund, dem er seinen Kummer **anvertrauen könnte**.

7 Ich kenne **keinen** Menschen, der fleißiger **wäre** als du.

8 **Nicht**, dass ich keine Zeit **gehabt hätte**.

57

●お礼の言い方

お手数をおかけしますが、よろしく お願いいたします。

FÜR IHRE MÜHE <u>DANKE</u> ICH IHNEN IM VORAUS!

🔊 057

1 昨日は**ありがとうございました**。

2 ご招待**ありがとうございます**。

3 あなたのご親切な手助けに心から**感謝いたします**。

4 ご親切にどうも**ありがとうございます**。

5 大変**助かりました**。

6 お手紙**拝受いたしました**。

7 **よく来てくれた**ね。

8 お手数をおかけしますが、**よろしく**お願いいたします。

＼ 補足メモ ／

8 相手に何かを頼む際、あらかじめお礼を言う時の表現。

(150)

☆日常生活で欠かせない、様々な重要な会話的表現を練習します。お礼の言い方ひとつとっても、実にいろいろな形式があります。たとえば「感謝する」の表現の可能性として **danken**、**sich bedanken**、**Dank** あるいは **dankbar** も使えます。ここでまとめておきましょう。

① **Vielen Dank** für gestern!

② Ich möchte **mich** bei Ihnen für die Einladung **bedanken**.

③ Ich **danke** Ihnen herzlich für Ihre freundliche Hilfe.

④ Das ist sehr **freundlich** von Ihnen.

⑤ Das war mir **eine große Hilfe**.

⑥ Ihren Brief habe ich **dankend erhalten**.

⑦ Das ist **nett** von dir, dass du gekommen bist.

⑧ Für Ihre Mühe **danke** ich Ihnen im Voraus!

重要な会話的表現

58

そうしたいのですが、暇が
ありません。

🔊 058

1 **承知**しました。

2 **そうしたいのですが**、暇がありません。

3 ご招待を**ありがたくお受けします**。

4 今度の土曜日は**都合がよくありません**。

5 私はそれで**結構**です。

6 今晩は残念ながら**約束があります**。

7 私は**それに賛成**です。

8 私は**それに反対**です。

＼補足メモ／

1 Einverstanden! でも O.K.

文法をおさえよう

☆ドイツでは提案や申し出に対しては、はっきりと意思表示をすることが大切です。その際覚えておくと大変便利な表現をいくつかまとめてみました。ドイツ語ではどんなに短い言い回しでも、文法に忠実に表現しなくてはなりません。

1. Ich bin damit **einverstanden**.

2. **Lust habe ich schon**, aber keine Zeit.

3. Ich **nehme** Ihre Einladung **dankend an**.

4. Am kommenden Samstag **passt es mir nicht**.

5. Das ist mir **ganz recht**.

6. Heute Abend **habe** ich leider **eine Verabredung**.

7. Ich bin **dafür**.

8. Ich bin **dagegen**.

59 すみません、番号を間違えました。

ENTSCHULDIGUNG, ICH BIN FALSCH VERBUNDEN.

🔊 059

1 お訪ねできなくて**申し訳ありません**。

2 お邪魔して**申し訳ありません**！

3 遅れて**すみません**！

4 **すみません**、私の思い違いでした。

5 お話し中、**ごめんなさい**。

6 **すみません**、番号を間違えました。

7 家具の代金が２ヶ月間未払いのままになっていたことを、大変**申し訳なく思っています**。

8 **申し訳ありません**が、予約を変更せざるを得ないことをお知らせします。

＼補足メモ／

7 ビジネスレターなどでよく用いられる表現。8 も同様。

☆ドイツでお詫びを言う場合、自分の罪を認めてその責任を負うという覚悟と自覚が必要です。そのためには leider、(es) tut mir leid、Verzeihung、ich bedaure などをシチュエーションに応じてうまく使い分けねばなりません。

1. **Es tut mir leid**, dass ich Sie nicht besuchen kann.

2. **Entschuldigen Sie** bitte die Störung!

3. **Verzeihen Sie** bitte, dass ich so spät komme!

4. **Verzeihung**, ich habe mich geirrt.

5. **Entschuldige** bitte, dass ich unterbreche.

6. **Entschuldigung**, ich bin falsch verbunden.

7. **Ich bedaure** sehr, dass die Bezahlung der Möbel zwei Monate offengeblieben ist.

8. **Zu meinem Bedauern** muss ich Ihnen mitteilen, dass eine Umbuchung meiner Reservierung erforderlich ist.

重要な会話的表現

60 それはついてなかったね！

DA HAST DU JA <u>PECH GEHABT</u>!

RA

🔊 060

1 彼女は試験に合格した。
ー本当に？

2 **不幸中の幸い**だったね！

3 それは**ラッキー**だったね！

4 それは**ついてなかった**ね！

5 **頑張って**！

6 **信じられない**！

7 **とんでもない**！

8 **成功を祈る**よ！

―― ＼補足メモ／ ――

1 Tatsächlich? でもよい。
5 別れる時に使う。

🔵 文法をおさえよう

☆その場面にぴったりのあいづちや呼びかけの表現を用いることは、いわゆる語用論の立場からもなかなか難しいものがあります。できるだけ多くの決まり文句的な表現を覚えておくことが大切です。

1. Sie hat die Prüfung bestanden.
   – **Wirklich**?

2. Das war ja **Glück im Unglück**!

3. Da hast du aber **Glück gehabt**!

4. Da hast du ja **Pech gehabt**!

5. **Mach's gut**!

6. **Kaum zu glauben**!

7. **Um Gottes willen**!

8. **Ich drücke dir den Daumen**!

重要な会話的表現

Part **7**

副文による
文の拡大

61

息子が定職に就いていないことを、両親はほとんど気にかけていない。

<u>Es</u> KÜMMERT DIE ELTERN WENIG, <u>DASS</u> IHR SOHN KEINEN FESTEN BERUF HAT.
KORR.   KONJ

🔊 061

① 君が約束を守らなかった**ことに**、彼は腹を立てている。

② 私は息子が時々学校を休む**の**が気にかかる。

③ 息子が定職に就いていない**こと**を、両親はほとんど気にかけていない。

④ 事故の際、死傷者がでなく**て**よかった。

⑤ 彼が議長に選ばれた**の**は、少しも不思議ではない。

⑥ 私は彼が選挙に立候補する**かどうか**に関心がある。

⑦ 多くの友に恵まれている**なら**、大きな幸せだ。

⑧ 私の友人が明日来る**かどうか**、まだはっきりしない。

――― ＼補足メモ／

① 本来の語順は Dass du das Versprechen nicht gehalten hast, ärgert ihn. 以下も同様。

文法をおさえよう

☆まず副文を導く導入語が従属の接続詞であるケースから見ていきましょう。
相関詞としては **es** が用いられ、英語でいう **it** 〜 **that** の構文になっています。
副文は機能面からみた場合、主語文の働きをしています。

① **Es** ärgert ihn, **dass** du das Versprechen nicht gehalten hast.

② **Es** beschäftigt mich, **dass** mein Sohn oft in der Schule fehlt.

③ **Es** kümmert die Eltern wenig, **dass** ihr Sohn keinen festen Beruf hat.

④ **Es** ist ein Glück, **dass** es beim Unfall keine Toten und Verletzten gab.

⑤ **Es** ist kein Wunder, **dass** er zum Vorsitzenden gewählt wurde.

⑥ **Es** beschäftigt mich, **ob** er sich als Kandidat aufstellen lässt.

⑦ **Es** ist ein großes Glück, **wenn** man viele Freunde hat.

⑧ **Es** ist noch ungewiss, **ob** mein Freund morgen kommt.

62

●従属の接続詞と相関詞② ＊述語文の場合

試合の結果は、前から予想されていた通りであった。

DAS SPIELERGEBNIS WAR, <u>WIE</u> MAN VERMUTET HATTE.

KONJ

1. 彼の望みは、友人が一等賞をとる**こと**である。

2. 彼の最初の質問は、私が音楽に興味を持っている**かどうか**であった。

3. 試合の結果は、前から予想されていた**通り**であった。

4. 彼は、**まるで**何も知らなかった**かのように**みえる。

5. 経済は彼が予想した**ように**なった。

6. 父を驚かせたのは、母がこの話に関心を示した**こと**だった。

7. 彼の目的は、医者になる**こと**である。

8. 彼女の一番の楽しみは、音楽を聴く**こと**である。

＼補足メモ／

---

1 Sein Wunsch ist（es）の es が省略されたもの。以下も同様。

📖 文法をおさえよう

☆副文が機能面からみた場合、述語文の働きをしているケースです。副文を受けるために主文中に相関詞として **es** が置かれることがありますが、一般的に省略されます。

① Sein Wunsch ist, **dass** der Freund den ersten Preis gewinnt.

② Seine erste Frage war, **ob** ich für Musik Interesse habe.

③ Das Spielergebnis war, **wie** man vermutet hatte.

④ Er scheint, **als ob** er nichts gewusst hätte.

⑤ Die Wirtschaft wurde, **wie** er vorausgesagt hatte.

⑥ Was meinen Vater wunderte, war, **dass** sich die Mutter für diese Geschichte interessierte.

⑦ Sein Ziel ist, **dass** er Arzt wird.

⑧ Ihre größte Freude ist, **dass** sie Musik hört.

主入語と相関詞

63 彼らは、私たちに家を立ち退くことを要求する。

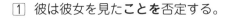

SIE BESTEHEN <u>DARAUF</u>, <u>DASS</u> WIR AUS DEM HAUS AUSZIEHEN.
KORR. KONJ

🔊 063

① 彼は彼女を見た**こと**を否定する。

② 彼女は、彼が電話をかけてくる**の**を待っている。

③ 私が一緒に行ける**かどうか**は、明日分かる。

④ 彼は運動会が催される**のかどうか**尋ねる。

⑤ 彼がポストを辞任した**こと**を、私は大変残念に思う。

⑥ 彼らは来年の夏スイスに行く**こと**に決めた。

⑦ 彼らは、私たちに家を立ち退く**こと**を要求する。

⑧ 人々は、独裁から早く解放される**こと**を望んでいる。

＼補足メモ／

④ 元の構造として Er fragt（danach）が考えられる。

📀 文法をおさえよう

☆副文の機能が目的語文のケースです。副文を受ける相関詞には **es** と **da(r)** ＋前置詞の形式があります。これらの生起の問題は個々の動詞により異なっていて、様々な要因の中で決定されます。

① Er bestreitet **es**, **dass** er sie sah.

② Sie wartet **darauf**, **dass** er sie anruft.

③ Ich erfahre morgen, **ob** ich mitfahren kann.

④ Er fragt, **ob** das Sportfest stattfindet.

⑤ Ich bedaure sehr, **dass** er von seinem Posten zurückgetreten ist.

⑥ Sie haben sich entschlossen, **dass** sie nächsten Sommer in die Schweiz fahren.

⑦ Sie bestehen **darauf**, **dass** wir aus dem Haus ausziehen.

⑧ Die Leute hoffen, **dass** sie von der Diktatur bald befreit werden.

64

彼は金を貸すことを約束し、私を安心させた。

ER BERUHIGTE MICH <u>DAMIT</u>, <u>DASS</u> ER MIR GELD ZU LEIHEN VERSPRACH.
KORR. KONJ

🔊 064

1. 目の届く**限り**、一面の銀世界だ。

2. 散歩に出かけた**時**、私たちは大勢の幼稚園児に出会った。

3. 彼は実験を終える**まで**大学に残った。

4. 彼は金を貸す**こと**を約束し、私を安心させた。

5. 彼女は熱でもあるか**のように**見える。

6. 彼があまり大声で話した**ので**、その赤ちゃんは泣きだした。

7. 彼女は**あまり**小声で話す**ので**、ほとんど言っていることが分か**らない**。

8. この川は深**すぎて**、渡ることができない。

――\ 補足メモ /――

2 Als wir spazieren gingen, (da)... の da が省略されたもの。

◉ 文法をおさえよう

☆状況語文ではその内容に応じて様々な接続詞が用いられます。そしてこれらに呼応して主文中に置かれる相関詞もまた様々です。ほとんどの場合省略可能です。

1. **Soweit** das Auge reicht, ist alles verschneit.

2. **Als** wir spazieren gingen, trafen wir viele Kindergartenkinder.

3. Er blieb in der Universität, **bis** er mit dem Experiment fertig war.

4. Er beruhigte mich **damit**, **dass** er mir Geld zu leihen versprach.

5. Sie sieht aus, **als ob** sie Fieber hätte.

6. Das Baby begann zu weinen, **weil** er zu laut sprach.

7. Sie spricht **so** leise, **dass** man sie kaum versteht.

8. Der Fluss ist **zu** tief, **als dass** man ihn überqueren könnte.

65

●従属の接続詞と相関詞⑤　＊付加語文の場合

彼女がその毛皮のコートを買うのをあきらめたことは、彼女の夫を安心させた。

IHR VERZICHT <u>DARAUF</u>, <u>DASS</u> SIE DEN PELZMANTEL KAUFET, HAT IHREN MANN BERUHIGT.

KORR. KONJ

🔊 065

1. 彼は旅行で疲れている**だろう**と考えて、私たちは彼を誘わなかった。

2. 彼女がその毛皮のコートを買うのをあきらめた**ことは**、彼女の夫を安心させた。

3. 私たちは、事態はよくなっていく**という**意見です。

4. 私は彼女は犯人ではない**という**印象を受けた。

5. 私たちは、彼が私たちの味方になってくれる**という**希望を捨てない。

6. 彼らが試験に合格できるか**という**問題は、活発に議論された。

7. 両親は息子がいつも真面目に働かない**と言って**、息子を非難する。

8. 彼らは**まるで**ワールドカップで優勝した**かのように**喜んだ。

───\ 補足メモ /───

1. 「～の配慮」という場合 Rücksicht は auf ＋ 4 格と結びつきます。

☆付加語文のために用いられる相関詞は、名詞と密接に結びついた前置詞が
da(r)＋前置詞の形態をとったものです。決まった言い回しにおいて用いられ、
義務的な要素になっていることもあります。

1. Mit Rücksicht **darauf**, **dass** ihn die Fahrt überanstrengt hätte, nahmen wir ihn nicht mit.

2. Ihr Verzicht **darauf**, **dass** sie den Pelzmantel kaufet, hat ihren Mann beruhigt.

3. Wir sind der Meinung, **dass** sich die Lage zum Guten wendet.

4. Ich hatte den Eindruck, **dass** sie nicht die Täterin war.

5. Wir geben die Hoffnung nicht auf, **dass** er sich auf unsere Seite stellt.

6. Die Frage, **ob** sie die Prüfung bestehen könnten, wurde lebhaft erörtert.

7. Die Eltern machen ihrem Sohn den Vorwurf, **dass** er immer nicht fleißig arbeitet.

8. Sie hatten eine Freude, **als ob** sie die Weltmeisterschaft gewonnen hätten.

導入語と相関詞

66 私のパソコンを壊したのは、この少年です。

ES WAR DER JUNGE, DER MEINEN PC KAPUTT GEMACHT HAT.
KORR.　　　　　　　　R

🔊 066

1 私のパソコンを壊した**のは**、この少年です。

2 夜遅くに訪ねてきた**のは**、私の両親だった。

3 機会の均等にこだわるの**ならば**、目的と細部をきちんと確認する必要がある。

4 私が今メールを書いている女子学生**は**、ミュンヘンに住んでいます。

5 今日お求めの方**は**、10% のお買い得です。

6 君にとってつらいこと**は**、私にとってもつらい。

7 高いもの**が**いつもよいものであるとは限らない。

8 人を呪わば穴 2 つ。

―――\ 補足メモ /―――

1 いわゆる強調構文です。2 も同様。
2 この場合の es は数や性を超越して用いられます。

⊘ 文法をおさえよう

☆関係文が先行した場合、後続する主文の文頭に指示代名詞 **der**、**das** が相関詞として置かれます。関係代名詞と格を異にする場合は義務的な要素となり、両者の格が同一の時は省略が可能です。また強調構文の場合は **es** を先行する主文の文頭に置きます。

1. **Es** war der Junge, **der** meinen PC kaputt gemacht hat.

2. **Es** waren meine Eltern, **die** mich in der späten Nacht besucht haben.

3. **Wem** Chancengleichheit am Herzen liegt, **der** muss darauf achten, dass die Zielsetzung und die Deteils stimmen.

4. Die Studentin, **der** ich jetzt eine Mail schreibe, wohnt in München.

5. **Wer** heute kauft, kauft 10% billiger.

6. **Was** dir schwer fällt, fällt mir auch schwer.

7. **Was** teuer ist, ist nicht immer gut.

8. **Wer** andern eine Grube gräbt, fällt selbst hinein.

レントゲンはエックス線を発見した人だ。

RÖNTGEN WAR <u>ES</u>, <u>DER</u> DIE X-STRAHLEN ENTDECKT HAT.
KORR. R

🔊 067

☐ 子供**は**私たちに最も大きな喜びを与えてくれる。

② レントゲン**は**エックス線を発見した人だ。

③ 彼ら**は**祖国を裏切った男たちだ。

④ 私の同僚**には**、私は限りない信頼を寄せている。

⑤ 彼ら**が**私の研究をサポートしてくれた人たちだ。

⑥ アインシュタイン**は**相対性理論を打ち立てた人だ。

⑦ これ**は**私たちが望んでいたものだ。

⑧ 彼女**は**君をだました女だ。

――― 補足メモ /―――

④ zu は名詞 Vertrauen と結びついている前置詞で、前置詞のみ関係代名詞の前に置くことができる。

☆関係代名詞を受けるために、主文に **es** を置きます。関係代名詞の性と数は、主文の主語に従います。

① Die Kinder sind **es**, **die** uns die größte Freude bereiten.

② Röntgen war **es**, **der** die X-Strahlen entdeckt hat.

③ Die Männer sind **es**, **die** das Vaterland verrieten.

④ Meine Kollegen sind **es**, zu **denen** ich unbegrenztes Vertrauen habe.

⑤ Sie sind **es**, **die** mich bei der Forschung unterstützt haben.

⑥ Einstein war **es**, **der** die Relativitätstheorie aufgestellt hat.

⑦ Das ist, **was** wir begehrt haben.

⑧ Sie ist **es**, **die** dich betrogen hat.

68 今日できることを、明日にのばすな！

<u>WAS</u> DU HEUTE TUN KANNST, <u>DAS</u> VERSCHIEBE NICHT AUF MORGEN!
R　　　　　　　　　　KORR.

🔊 068

1. このプロジェクトに参加する**人を**、私たちは歓迎する。

2. 愛する**人を**私たちは助けたいと思う。

3. 彼が言う**ことを**彼女はいつも信じる。

4. 今日できる**ことを**、明日にのばすな！

5. お前を信頼する**人を**、お前もまた信頼しなければならない。

6. 愛している**人には**何でも許してやれるものだ。

7. 私たちが最初に出会う**人に**道を聞いてみよう。

8. 私は一度会った**人は**記憶している。

\補足メモ/

③ 主文の文頭には das が置かれていたが、共に４格であるため省略された。

☆相関詞の生起については主語文の場合と同様で、後続する主文の文頭に指示代名詞が相関詞として置かれます。関係代名詞と格が同じであれば、省略可能です。

1. **Wer** an diesem Projekt mitarbeiten will, **den** begrüßen wir freudig.

2. **Wen** wir lieben, **dem** möchten wir helfen.

3. **Was** er sagt, glaubt sie immer.

4. **Was** du heute tun kannst, **das** verschiebe nicht auf morgen!

5. **Wer** dir vertraut, **dem** musst du auch vertrauen.

6. **Wen** man liebt, **dem** vergibt man alles.

7. **Wen** wir zuerst treffen, **den** wollen wir nach dem Weg fragen.

8. **Wen** ich einmal gesehen habe, behalte ich im Gedächtnis.

導入語と相関詞

69

私は君が行くところに、
以前いたことがある。

ICH WAR FRÜHER <u>DA</u>, <u>WOHIN</u> DU GEHST.
KORR.　FW

🔊 069

1 私たちは私たちの気に入った**ところ**で働く。

2 私は派遣される**ところ**へ行く。

3 お前たちの行きたい**ところ**へ行くがよい！

4 君は元の**ところ**へもどりなさい！

5 私は君が行く**ところ**に、以前いたことがある。

6 彼はその眼鏡を思ってもいなかった**ところ**で見つけた。

7 精神一到何事か成らざらん。

8 光ある**ところ**には、また影もある。

＼補足メモ／

1 元の構造として Wir arbeiten dort, wo... が考えられる。

☆主文中には、状況語文を指示する副詞 **da**、**dort**、**dorthin** などが相関詞として用いられます。主文との関係が十分に読み取れる時は、省略されます。

① Wir arbeiten, **wo** es uns gefällt.

② Ich gehe, **wohin** man mich schickt.

③ Geht, **wohin** ihr wollt!

④ Kehre **dahin** zurück, **woher** du gekommen bist!

⑤ Ich war früher **da**, **wohin** du gehst.

⑥ Er fand die Brille, **wo** er sie nicht vermutet hatte.

⑦ **Wo** ein Wille ist, ist auch ein Weg.

⑧ **Wo** Licht ist, ist auch Schatten.

導入語と相関詞

70

●関係代名詞（あるいは関係副詞）と相関詞⑤　＊付加語文の場合

私は環境汚染と闘う人々の味方です。

ICH BIN EIN FREUND <u>DERER</u>, <u>DIE</u> GEGEN DIE UMWELTVERSCHMUTZUNG KÄMPFEN.

KORR.　R

🔊 070

1 その見本市では、試食をしてみようと思うような**もの
は何も**なかった。

2 あなたはお土産に日本へ持って帰りたい**ものを何か**見つけましたか？

3 残念ながら、当時彼には誇りに思える**ものが何も**なかった。

4 そのおばあさんは、私が知らなかった**多くのことを**話してくれた。

5 その店には、彼女が試着したいと思う**ものは何も**なかった。

6 これが、彼らがこの数年の間に盗んだ**全て**です。

7 私は環境汚染と闘う**人々**の味方です。

8 これが私が見た最も**美しいもの**だ。

―――\補足メモ/

7 derer は指示代名詞 der の複数 2 格。後続の関係文の先行詞として用いる。

🎵 文法をおさえよう

☆指示代名詞や不定代名詞、あるいは中性名詞化された形容詞などが、相関詞として関係文の先行詞になっている場合です。

---

① Auf der Messe gab es **nichts**, **was** ich kosten wollte.

---

② Haben Sie **etwas** gefunden, **was** Sie als Souvenir nach Japan mitnehmen möchten?

---

③ Er hatte leider **nichts**, **worauf** er damals stolz sein konnte.

---

④ Die Alte hat mir **vieles** erzählt, **wovon** ich nichts wusste.

---

⑤ Im Laden gab es **nichts**, **was** sie anprobieren wollte.

---

⑥ Das ist **alles**, **was** sie in den letzten Jahren gestohlen haben.

---

⑦ Ich bin ein Freund **derer**, **die** gegen die Umweltverschmutzung kämpfen.

---

⑧ Das ist **das Schönste**, **was** ich je gesehen habe.

71

なぜ彼が贈り物を頑なに拒絶 するのか、不可解だ。

<u>Es</u> ist unverständlich, <u>warum</u> er ein Geschenk hartnäckig ablehnt.
Korr.   **Fw**

🔊 **071**

[1] 誰がそれを言ったのかということは重要ではない。

[2] なぜ彼が贈り物を頑なに拒絶するのか、不可解だ。

[3] 彼女が誰を SNS でフォローしているか、私にはどうでもいいことだ。

[4] 誰がその会議に参加するのかが、とても重要だ。

[5] どのようにしてその問題を解決するのか、とても興味がある。

[6] なぜ彼女が夫と別れたがっているのか、私には分からない。

[7] 誰がそれを発明したか、正確には知られていない。

[8] いつ首相が到着するか、まだ分かっていない。

───＼補足メモ╱───

[6] 副文が後置されると、Es ist mir unklar, warum... となる。

⏺ 文法をおさえよう

☆副文が後置された場合、**es** が相関詞として主文の主語に用いられます。副文が前置された場合は、**es** はもちろん用いられません（⑥～⑧）。

① **Es** ist nicht wichtig, **wer** das gesagt hat.

② **Es** ist unverständlich, **warum** er ein Geschenk hartnäckig ablehnt.

③ **Es** ist mir gleichgültig, **wem** sie per SNS folgt.

④ **Es** ist sehr wichtig, **wer** an dieser Sitzung teilnimmt.

⑤ **Es** ist sehr interessant, **wie** man das Problem lösen kann.

⑥ **Warum** sie sich von ihrem Mann scheiden lassen will, ist mir unklar.

⑦ **Wer** das erfunden hat, ist nicht genau bekannt.

⑧ **Wann** der Premierminister eintrifft, ist noch nicht bekannt.

72

●疑問代名詞（あるいは疑問副詞）と相関詞② ＊目的語文の場合

私は次のオリンピックがどこで開催されるのかを、新聞で知った。

ICH HABE AUS DER ZEITUNG ERFAHREN, <u>WO</u> DIE NÄCHSTE OLYMPIADE STATTFINDET.
Fw

🔊 072

☐1 いつドイツからのゲストが到着するのか、私は知らない。

☐2 この道はどこへ通じているのかと、その旅人は尋ねた。

☐3 彼は家族がどこへ引っ越すのか知らない。

☐4 誰がこんなことをしたのかを、私は知らない。

☐5 私は次のオリンピックがどこで開催されるのかを、新聞で知った。

☐6 私たちが週末どこで落ち合うのか、誰にも漏らさないで下さい！

☐7 彼女がなぜ学校に来ることができなかったのか、担任の先生は知りたがっている。

☐8 彼が授業中何を考えているか、誰もが知っている。

―――\ 補足メモ /―――

☐1 元の構造として Ich weiß es nicht, ... が考えられる。

☆副文を受ける相関詞には **es** や **da(r)** ＋前置詞の形式があります。相関詞の種類と生起は、主文の動詞によって異なりますが、実際の文ではほとんど省かれます。

① Ich weiß nicht, **wann** die Gäste aus Deutschland ankommen.

② Der Reisende fragte, **wohin** der Weg führe.

③ Er weiß nicht, **wohin** seine Familie umzieht.

④ Ich weiß nicht, **wer** das getan hat.

⑤ Ich habe aus der Zeitung erfahren, **wo** die nächste Olympiade stattfindet.

⑥ Verraten Sie bitte nicht, **wo** wir uns am Wochenende treffen!

⑦ Der Klassenlehrer möchte wissen, **warum** sie nicht zur Schule hat kommen können.

⑧ Jeder weiß, **woran** er im Unterricht denkt.

導入語と相関詞

73 何が起ころうと、私は動揺しない。

WAS AUCH IMMER GESCHEHEN MAG, ICH WERDE NICHT WANKEN.
Fw

🔊 073

1. 彼が**何と**言おうと、私は彼を信じない。

2. 彼らが**いつ**来ようとも、私は在宅しない。

3. **どこに**いても、私はあなた方のことは忘れません。

4. 彼が**どんなに**貧しくても、私は彼と結婚します。

5. **何が**起ころうと、私は動揺しない。

6. それが**誰で**あろうと、今は誰にも会いたくない。

7. その男がたとえ**どこに**いようと、私たちは彼を見つけ出す。

8. 彼が**どんなに**早く車をとばしても、私は彼に追いつく。

――\ 補足メモ /――

1 副文が前置されても、後続する主文の定動詞は倒置されない。
5 immer を伴うこともある。

● 文法をおさえよう

☆「疑問詞 + **auch**」の形を用いた認容文の練習です。強調のため主文に **doch** や **dennoch** を相関詞として用いることもありますが、ほとんどの場合省略されます。

1. **Was** er **auch** sage, ich traue ihm nicht.

2. **Wann** sie **auch** kommen, ich bin nicht zu Hause.

3. **Wo** ich **auch** sein mag, ich vergesse sie nicht.

4. **Wie** arm er **auch** sein mag, ich heirate ihn.

5. **Was auch immer** geschehen mag, ich werde nicht wanken.

6. Ich möchte jetzt niemand sehen, **wer** immer es sei.

7. **Wo** der Mann **auch immer** sein mag, wir werden ihn finden.

8. **Wie** schnell er **auch** mit seinem Auto fährt, ich werde ihn einholen.

導入語と相関詞

74 彼の昔からの知人が今朝トラックにひかれたことを、彼は知らない。

Er weiss nicht, <u>dass</u> sein alter Bekannter heute morgen von einem LKW überfahren <u>wurde</u>.

KONJ   V

🔊 074

1　彼女は病気**なので**、今日の会議には参加しません。

2　私が今メールをした**ドイツ人は**、ハイデルベルクに住んでいます。

3　私はここの車が、**誰のもの**であるか知りません。

4　彼女が昨日 1 人でパーティーに行った**ことを**、彼は知らない。

5　彼の昔からの知人が今朝トラックにひかれた**ことを**、彼は知らない。

6　彼女が 1 週間したらアメリカに行く予定である**ことを**彼は知らない。

7　私が彼女に今日大学でモーツァルトの CD をプレゼントするつもりである**ことを**、彼は知らない。

8　ホフマン夫妻はテニスが好きで、だから今日は早く帰宅する**ことを**、彼は知らない。

―――\補足メモ/―――

1 従属の接続詞と定動詞による枠。　2 関係代名詞と定動詞による枠。
3 疑問詞と定動詞による枠。　4 完了の場合。　5 受動の場合。
6 未来の場合。　7 話法の助動詞の場合。　8 定動詞要素の場合。

☆副文においては、文頭に位置する副文を導くための導入語と、副文末に位置する定動詞によって枠が形成されています。様々なケースを練習しましょう。枠の詳細については、補足メモ参照。

1. Sie nimmt an der heutigen Sitzung nicht teil, **weil** sie krank **ist**.

2. Der Deutsche, **dem** ich jetzt gemailt **habe**, wohnt in Heidelberg.

3. Ich weiß nicht, **wem** das Auto hier **gehört**.

4. Er weiß nicht, **dass** sie gestern allein auf die Party gegangen **ist**.

5. Er weiß nicht, **dass** sein alter Bekannter heute morgen von einem LKW überfahren **wurde**.

6. Er weiß nicht, **dass** sie in einer Woche in die USA fahren **wird**.

7. Er weiß nicht, **dass** ich ihr heute in der Uni eine CD von Mozart schenken **will**.

8. Er weiß nicht, **dass** Herr und Frau Hoffmann Tennis spielen **möchten** und deshalb heute früh nach Hause **fahren**.

副文における配語

75

彼が昨日出会った女子学生にあこがれていることを、彼女は知っている。

SIE WEISS, DASS ER NACH DER STUDENTIN SEHNSUCHT HAT, DIE ER GESTERN GETROFFEN HAT.

NS

🔊 075

1 フィリップが毎日朝早くから夜遅くまで働かなければならなかったことを、彼女は知っている。

2 彼が処罰されたくないと思ったことを、彼女は知っている。

3 彼が私より早く走ったことを、彼女は知っている。

4 彼が別れも告げないで家を出ていったことを、彼女は知っている。

5 彼が昨日出会った女子学生にあこがれていることを、彼女は知っている。

6 彼がすぐにその老婦人、すなわち彼の病気の祖母を訪ねなければならないことを、彼女は知っている。

7 彼が1週間ただベッドで、しかも時々酔っ払って寝ていたことを、彼女は知っている。

8 彼がたくさんの動物、犬1匹、猫2匹、小鳥4羽、うさぎ2匹などを飼っていることを、彼女は知っている。

――― 補足メモ ―――

1 代替不定詞は必ず文末に置かれるため。　 2 「過去分詞＋不定詞」も文末に置かれる。
3 als および wie に導かれた比較表現は枠外に置かれる。　 4 zu 不定詞句も枠外に置かれる。
5 いわゆる第2副文も枠外に置かれる。　 6 同格名詞句の枠外配置の例。

☆これは本来文末に置かれるべき定動詞が後置されず、文末が他の成分によっ
て占められている場合です。次のようなケースがあります。個々の詳細につい
ては、補足メモ参照。

---

1 Sie weiß, dass Phillip jeden Tag vom frühen Morgen bis spät in die Nacht hat **arbeiten müssen**.

2 Sie weiß, dass er nicht hat **bestraft werden wollen**.

3 Sie weiß, dass er schneller gelaufen ist **als ich**.

4 Sie weiß, dass er das Haus verlassen hat, **ohne sich zu verabschieden**.

5 Sie weiß, dass er nach der Studentin Sehnsucht hat, **die er gestern getroffen hat**.

6 Sie weiß, dass er bald die alte Frau besuchen muss, **seine kranke Großmutter**.

7 Sie weiß, dass er eine Woche lang nur im Bett lag, **und zwar oft betrunken**.

8 Sie weiß, dass er viele Tiere hat: **einen Hund**, **zwei Katzen**, **vier Vögel**, **zwei Kaninchen** usw.

副文における配語

---

7 補足名詞句の枠外配置の例。　8 列挙された名詞句の枠外配置の例。

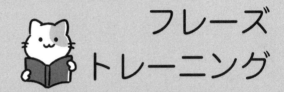

50音順

フレーズ
トレーニング

ここでは本文のセンテンス（文）中で
使用しているフレーズ（句）を50音順に
「日本語⇒ドイツ語」で配列してあります。
音声を聞いて覚えましょう。
このトレーニングをすることで、本文
の作文がしやすくなります。

□青信号の時は	⇒ bei Grün	**35**-②
□悪条件の中	⇒ unter ungünstigen Um-ständen	**3**-⑤
□あこがれている	⇒ nach 3 格 Sehnsucht haben	**75**-⑤
□朝早くから晩遅くまで	⇒ vom frühen Morgen bis zum späten Abend	**3**-③
□朝早くから夜遅くまで	⇒ vom frühen Morgen bis spät in die Nacht	**75**-①
□足もとに横たわる	⇒ zu den Füßen liegen	**19**-⑤
□新しい住所を知らせる	⇒ die neue Adresse mitteilen	**10**-⑦
□あの事件から	⇒ seit dem Vorfall	**1**-⑧
□網棚にのせる	⇒ ins Gepäcknetz legen	**49**-②
□アメリカに行く	⇒ in die USA fahren	**74**-⑥
□ありがたく思う	⇒ 3 格 verbunden sein	**29**-⑦
□アルプスに行く	⇒ in die Alpen fahren	**19**-⑦
□安全な	⇒ vor 3 格 sicher sein	**22**-①

【い】

☐ 言うことが正しい	⇒	Recht haben	**51-**③
☐ 家を立ち退く	⇒	aus dem Haus ausziehen	**63-**⑦
☐ 家を出て行く	⇒	das Haus verlassen	**75-**④
☐ 怒りのあまり	⇒	vor Ärger	**20-**⑤
☐ いすにぶつかる	⇒	an den Stuhl stoßen	**31-**⑥
☐ 痛みのために眠れない	⇒	vor Schmerzen nicht schlafen	**5-**③
☐ 炒めるのにバターを使う	⇒	zum Braten Butter nehmen	**9-**②
☐ イタリア製の絹のネクタイ	⇒	eine italienische seidene Krawatte	**33-**⑦
☐ 一番能力がない	⇒	am wenigsten tüchtig sein	**37-**④
☐ 一番よい席に着かせる	⇒	an den besten Platz setzen	**12-**④
☐ 一部の人たちにとっての脅威	⇒	eine Bedrohung für einige Leute	**6-**⑦
☐ 1年間の予定で	⇒	für ein Jahr	**25-**②
☐ 1週間したら	⇒	in einer Woche	**74-**⑥

□ 1 週間前に降った雪	⇒ der vor acht Tagen gefallene Schnee	**45-**①
□ 一生の間	⇒ sein ganzes Leben lang	**2-**⑦
□ 一等賞をとる	⇒ den ersten Preis gewinnen	**62-**①
□ 一般にその価値を認められる	⇒ allgemeine Anerkennung finden	**47-**①
□ 田舎に住んでいる	⇒ auf dem Lande wohnen	**19-**①

🔊 078

【う】

□ うっかりして	⇒ aus Versehen	**20-**③
□ 海辺に行く	⇒ an die See gehen	**19-**③
□ 海辺に滞在する	⇒ sich an der See aufhalten	**12-**⑤
□ うれし涙を流す	⇒ vor Freude weinen	**20-**⑧
□ 運転手の不注意のために	⇒ infolge der Unvorsichtigkeit des Fahrers	**5-**①
□ 運動場に行く	⇒ auf den Sportplatz gehen	**19-**②

🔊 079

【え】

□ 英語もドイツ語も	⇒	sowohl Englisch als auch Deutsch	**50**-⑥
□ 駅への道を尋ねる	⇒	nach dem Weg zum Bahnhof fragen	**36**-⑧
□ SNS でフォローする	⇒	3 格 per SNS folgen	**71**-③
□ エックス線を発見する	⇒	die X-Strahlen entdecken	**67**-②
□ 円をユーロに替える	⇒	Yen in Euro wechseln	**54**-⑧

🔊 080

【お】

□ 老いも若きも	⇒	Alt und Jung	**34**-③
□ 大急ぎで	⇒	in größter Eile	**37**-⑥
□ 大きな進歩をとげる	⇒	große Fortschritte machen	**9**-③
□ お金がなくて	⇒	aus Geldmangel	**8**-⑥
□ 送ってもらう	⇒	geschickt bekommen	**41**-②
□ 幼い時から	⇒	von Kindheit an	**3**-⑥

50音順フレーズトレーニング

195

□お辞儀をして	⇒ mit einer Verbeugung	4-④
□大人も子供も	⇒ Groß und Klein	34-②
□驚いたことに	⇒ zum Erstaunen	26-⑧
□驚かせる	⇒ in Erstaunen setzen	46-④
□お流れになる	⇒ ins Wasser fallen	53-⑧
□音楽に興味がある	⇒ für Musik Interesse haben	62-②

🔊 081

【か】

□会合に出席する	⇒ am Treffen teilnehmen	20-⑥
□介護のために	⇒ wegen der Pflege	5-⑥
□会社の所在地	⇒ der Sitz der Gesellschaft	6-⑥
□解放されている	⇒ 4格 los sein	30-②
□顔見知りの	⇒ mit 3格 bekannt sein	22-⑤
□学園祭に参加する	⇒ am Universitätsfest teilnehmen	50-④

□ 鍵をなくす	⇒ den Schlüssel verlieren	**9**-⑤
□ 確信している	⇒ von 3 格 überzeugt sein	**22**-②
□ 学生時代から	⇒ seit der Schulzeit	**3**-⑧
□ 貸し付けを認める	⇒ einen Kredit gewähren	**10**-①
□ 学校を休む	⇒ in der Schule fehlen	**61**-②
□ 滑走路に着陸する	⇒ auf der Landebahn aufsetzen	**2**-③
□ 彼女の忠告に従って	⇒ auf ihren Rat hin	**25**-③
□ 髪を金髪に染めさせる	⇒ sich das Haar blond färben lassen	**13**-④
□ 川を見下ろす	⇒ auf den Fluss hinunter blicken	**2**-①
□ 考える	⇒ auf 4 格 Rücksicht nehmen	**47**-③
□ 環境汚染と闘う	⇒ gegen die Umweltverschmutzung	**70**-⑦
□ 患者の命を救う	⇒ das Leben des Patienten retten	**9**-④
□ 関心を示す	⇒ sich für 4 格 interessieren	**62**-⑥
□ 簡単に	⇒ ohne weiteres	**35**-⑦

50音順フレーズトレーニング

【き】

☐ 記憶している	⇒ im Gedächtnis behalten	**68-**⑧
☐ 危険を冒す	⇒ Gefahr laufen	**52-**⑤
☐ 貴重品を全て奪い取る	⇒ alle Wertsachen rauben	**10-**⑥
☐ 気にかける	⇒ sich um 4格 kümmern	**56-**③
☐ 昨日の新聞	⇒ die gestrige Zeitung	**33-**①
☐ 休暇を与える	⇒ Urlaub geben	**10-**②
☐ 休暇を終えて帰って来る	⇒ aus dem Urlaub zurück-kehren	**18-**③
☐ 強固な意志	⇒ ein eiserner Wille	**33-**⑧
☐ 教師の息子として	⇒ als Sohn eines Lehrers	**18-**④
☐ 興味がある	⇒ sich für 4格 interessie-ren	**11-**⑧
☐ 極めて丁重に	⇒ aufs höflichste	**37-**⑧

🔊 083 【く】

□空港まで送る	⇒ zum Flughafen bringen	**12**-①
□クリスマスプレゼントに自転車を贈る	⇒ ein Fahrrad zu Weihnachten schenken	**18**-⑦
□来る日も来る日も	⇒ Tag für Tag	**25**-④
□車の中で泣いている赤ん坊	⇒ das im Auto weinende Baby	**44**-⑦

🔊 084 【け】

□計画を遂行する	⇒ den Plan ausführen	**8**-⑧
□経験を積んでいる	⇒ Erfahrung haben	**51**-⑦
□経済的な援助に頼る	⇒ auf die finanzielle Hilfe angewiesen sein	**23**-④
□刑務所から逃げ出す	⇒ aus dem Gefängnis entfliehen	**2**-⑤
□結婚を約束する	⇒ die Ehe versprechen	**28**-⑧
□研究に捧げる	⇒ der Forschung widmen	**10**-③
□研究をサポートする	⇒ bei der Forschung unterstützen	**67**-⑤

□ 健康によい	⇒ 3格 zuträglich sein	**29-**⑧

🔊 085　　【こ】

□ 恋をしている	⇒ in 4格 verliebt sein	**23-**⑥
□ 好意的である	⇒ 3格 gewogen sein	**29-**④
□ 郊外へ出かける	⇒ ins Grüne fahren	**35-**①
□ 航空便で郵送してもらう	⇒ mit Luftpost befördert kriegen	**41-**④
□ 好転する	⇒ sich zum Guten wenden	**11-**⑥
□ 考慮して	⇒ mit Rücksicht auf 4格	**65-**①
□ 考慮に入れる	⇒ in Betracht ziehen	**46-**①
□ ごく当たり前の	⇒ recht und billig	**32-**⑥
□ 国際的に認められる	⇒ internationale Anerkennung erringen	**9-**①
□ 国民の啓蒙	⇒ die Aufklärung des Volkes	**8-**②
□ 小声で話す	⇒ mit leiser Stimme sprechen	**31-**⑦

200

☐ ここから	⇒ von hier aus	**17-**⑦
☐ 50年代に	⇒ in den Fünfzigerjahren	**31-**⑤
☐ 個人的な理由で	⇒ aus privaten Gründen	**20-**⑥
☐ 子供を亡くした悲しみ	⇒ der Schmerz über den Verlust des Kindes	**24-**③
☐ この週末に	⇒ dieses Wochenende	**2-**②
☐ この数年間に	⇒ in den letzten Jahren	**9-**③
☐ この点に関して	⇒ in diesem Punkt	**27-**⑧
☐ この問題の解明	⇒ die Klärung dieser Frage	**13-**⑤
☐ この有能な医者でさえ	⇒ selbst der geschickte Arzt	**9-**④
☐ 怖くて震える	⇒ vor Angst zittern	**26-**⑥
☐ 壊す	⇒ kaputt machen	**66-**①
☐ 困難であることが分かる	⇒ sich als schwierig erweisen	**13-**⑤

50音順フレーズトレーニング

086

【さ】

□最愛の友	⇒ der allerliebste Freund	37-①
□再会の喜び	⇒ die Freude des Wiedersehens	36-⑦
□最高にご機嫌である	⇒ bei bester Laune sein	37-⑦
□昨夜	⇒ letzte Nacht	4-⑥
□酒をやめる	⇒ das Trinken aufgeben	25-③
□寒さに弱い	⇒ gegen Kälte empfindlich sein	23-⑦
□3人で	⇒ zu dritt	38-⑥
□3分の1本分のワインで	⇒ mit einer drittel Flasche Wein	39-①

【し】

□仕上げる	⇒ zum Abschluss bringen	46-⑦
□時間ぎりぎりに	⇒ im letzten Augenblick	18-⑥
□試験に合格する	⇒ die Prüfung bestehen	60-①

□ 事故が起こる	⇒ ein Unfall geschehen	**5**-①
□ 仕事の邪魔をする	⇒ bei der Arbeit stören	**42**-⑧
□ 仕事の進行に役立つ	⇒ der Entwicklung der Arbeit nutzen	**7**-⑧
□ 事故の後	⇒ nach dem Unfall	**12**-⑧
□ 事故の際	⇒ beim Unfall	**61**-④
□ 事態がよくなる	⇒ sich die Lage zum Guten wenden	**65**-③
□ 実験を終える	⇒ mit dem Experiment fertig sein	**64**-③
□ 質問をする	⇒ eine Frage stellen	**55**-⑤
□ 支配されている	⇒ 3格 untertan sein	**29**-⑥
□ 従順である	⇒ 3格 gehorsam sein	**29**-③
□ 12月1日に行われる	⇒ am 1. Dezember stattfinden	**18**-②
□ 自由に使わせる	⇒ zur Verfügung stellen	**46**-⑥
□ 週末に	⇒ am Wochenende	**19**-③
□ 10万ユーロで買う	⇒ für 100 000 Euro kaufen	**25**-⑥

☐ 重要だ	⇒ es handelt sich um 4 格	**24**-④
☐ 宿題をする	⇒ Hausaufgaben machen	**51**-②
☐ 首相の評判	⇒ der Ruf des Ministerpräsidenten	**27**-⑥
☐ 出発の準備ができている	⇒ zur Abfahrt bereit sein	**22**-③
☐ 承知している	⇒ mit 3 格 einverstanden sein	**58**-①
☐ 商店街の映画館で	⇒ im Kino in der Geschäftsstraße	**1**-②
☐ 証明する	⇒ unter Beweis stellen	**46**-③
☐ 知る	⇒ in Erfahrung bringen	**46**-②
☐ 心配している	⇒ um 4 格 besorgt sein	**23**-⑧
☐ 新聞で知る	⇒ aus der Zeitung erfahren	**72**-⑤
☐ 親密な関係にある	⇒ mit 3 格 innig befreundet sein	**35**-⑧
☐ 真理の探究	⇒ die Suche nach der Wahrheit	**24**-④

088 【す】

□スイスへ行く	⇒	in die Schweiz fahren	5-[4]
□すっかり仕上がった	⇒	fix und fertig	32-[5]
□ずっと以前から	⇒	seit langem	35-[8]
□ずっと友達でいる	⇒	Freunde bleiben	6-[1]
□隅に立たせる	⇒	in die Ecke stellen	12-[3]

089 【せ】

□成功を祈る	⇒	3 格 den Daumen drücken	60-[8]
□責任がある	⇒	an 3 格 schuld sein	22-[8]
□責任を持つ	⇒	für 4 格 verantwortlich sein	23-[1]
□絶対他言しないよう命じる	⇒	strengstes Stillschweigen befehlen	10-[4]
□節約家というよりはむしろけち	⇒	weniger sparsam als geizig	36-[4]
□先月注文した本	⇒	das letzten Monat bestellte Buch	45-[5]

【そ】

□ 祖国のために	⇒ für die Heimat	**4**-①
□ 祖国を裏切る	⇒ das Vaterland verraten	**67**-③

【た】

□ 大金を貸す	⇒ eine große Summe Geld leihen	**20**-①
□ 退屈しのぎに	⇒ aus Langeweile	**20**-②
□ 大変痛み苦しみながら	⇒ unter großen Schmerzen	**26**-④
□ 大変遅れて	⇒ mit großer Verspätung	**4**-②
□ 高い税金がかかる	⇒ einer hohen Steuer unterliegen	**7**-④
□ タクシーに乗る	⇒ ein Taxi nehmen	**42**-①
□ 戦いを続ける	⇒ den Kampf fortsetzen	**8**-③
□ 頼みごとを伝える	⇒ einen Auftrag ausrichten	**7**-⑦
□ 黙ってうなずく	⇒ stumm mit dem Kopf nicken	**4**-⑧

□たやすく実現されうる	⇒ leicht zu erfüllen sein	**40**-[7]
□誕生日のお祝いを言う	⇒ zum Geburtstag gratulieren	**7**-[1]
□担当である	⇒ für 4 格 zuständig sein	**23**-[2]
□断念	⇒ der Verzicht auf 4 格	**65**-[2]
□断念する	⇒ auf 4 格 verzichten	**14**-[5]
□暖房のことを考える	⇒ an die Heizung denken	**8**-[4]

🔊 092

【ち】

□父に似ている	⇒ dem Vater ähnlich sein	**29**-[2]
□着手する	⇒ in Angriff nehmen	**46**-[5]
□忠実である	⇒ 3 格 treu sein	**29**-[5]
□中年の婦人	⇒ eine ältere Dame	**36**-[8]
□注目されない	⇒ keine Beachtung finden	**47**-[5]
□朝食の後で	⇒ nach dem Frühstück	**1**-[5]

| □直線コースに入る | ⇒ in die Gerade einbiegen | **35-**③ |

◀》 093

【つ】

| □ついてない | ⇒ Pech haben | **60-**④ |
| □爪に赤いマニキュアを塗ってもらう | ⇒ sich die Fingernägel rot lackieren lassen | **13-**④ |

◀》 094

【て】

□定職に就いていない	⇒ keinen festen Beruf haben	**61-**③
□手からバッグをひったくる	⇒ 3格 die Tasche aus der Hand reißen	**12-**⑦
□電車で行く	⇒ mit der Elektrischen fahren	**35-**④
□転送してもらう	⇒ nachgeschickt erhalten	**41-**③

◀》 095

【と】

| □ドイツ語から日本語に翻訳する | ⇒ aus dem Deutschen ins Japanische übersetzen | **34-**④ |

□ドイツ語講座に参加する	⇒ am Deutschkurs teilnehmen	**18**-①
□ドイツ語で	⇒ auf Deutsch	**16**-②
□ドイツ語に翻訳する	⇒ ins Deutsche übersetzen	**21**-①
□ドイツ滞在中	⇒ während des Aufenthaltes in Deutschland	**22**-④
□ドイツ旅行をすることに決める	⇒ sich zu einer Deutschlandreise entschließen	**11**-⑦
□同意する	⇒ mit 3 格 einverstanden sein	**22**-⑥
□同級生たちと	⇒ mit den Klassenkameraden	**2**-②
□遠回しに言う	⇒ indirekt ausdrücken	**53**-③
□通りを横断する	⇒ die Straße überqueren	**35**-②
□時の経つうちに	⇒ im Laufe der Zeit	**18**-⑤
□独裁から解放する	⇒ von der Diktatur befreien	**11**-①
□特に重要だ	⇒ von besonderer Bedeutung sein	**26**-⑤
□年のわりには	⇒ für sein Alter	**25**-⑤
□とてもおもしろいドイツ映画	⇒ ein sehr interessanter deutscher Film	**1**-②

【な】

◀) 097

【に】

□2月の中ごろ	⇒ Mitte Februar	**18-**①
□日本中で	⇒ in ganz Japan	**31-**②
□日本の伝統的な家	⇒ die traditionellen japanischen Häuser	**8-**①

◀) 098

【ね】

□熱心にドイツ語を学んでいる学生たち	⇒ die fleißig Deutsch lernenden Studenten	**44-**①
□寝ている	⇒ im Bett liegen	**75-**⑦

◀) 099

【は】

□パーティーで	⇒ auf der Party	**31-**④
□パーティーに行く	⇒ auf die Party gehen	**74-**④
□バースデーパーティーへの招待状	⇒ eine Einladung zur Geburtstagsparty	**24-**⑦
□パイロットの不注意から	⇒ aus Unvorsichtigkeit des Piloten	**20-**④

□ バター半ポンド	⇒ ein halbes Pfund Butter	**16-**⑤
□ 罰する	⇒ unter Strafe stellen	**46-**⑧
□ 鼻をほじくる	⇒ in der Nase bohren	**16-**⑧
□ 流行っている	⇒ in Mode sein	**31-**②

🔊 **100** 　　　　　　　　【ひ】

□ 膝が痛い	⇒ im Knie Schmerzen haben	**24-**②
□ 引越しの後で	⇒ nach dem Umzug	**10-**⑦
□ 人のよさゆえ	⇒ aus Gutmütigkeit	**20-**①
□ 批判する	⇒ an 3 格 Kritik üben	**47-**④
□ 病院に見舞う	⇒ im Krankenhaus besuchen	**33-**②
□ 病気のために病院に運ぶ	⇒ ins Krankenhaus bringen	**34-**①

🔊 101

【ふ】

🔊 102

【へ】

🔊 103 【ほ】

🔊 104 【ま】

□ 前もって	⇒ im Voraus	**57-** 8
□ 前もって電話する	⇒ vorher anrufen	**5-** 5
□ 紛れ込む	⇒ sich unter 4 格 mischen	**26-** 3
□ 全く幸福ではない	⇒ nichts weniger als glücklich	**36-** 3
□ 窓辺に立つ	⇒ am Fenster stehen	**2-** 1
□ 満足する	⇒ mit 3 格 zufrieden sein	**22-** 7

🔊 105 【み】

□ 南の国へ飛んでいく	⇒ nach dem Süden fliegen	**19-** 4
□ 見本市では	⇒ auf der Messe	**70-** 1
□ ミュンヘンに到着する	⇒ in München ankommen	**4-** 2
□ 民族衣装を着て	⇒ in den Volkstrachten	**25-** 8

🔊 106 　　　　【む】

☐ 無効である　　　⇒ null und nichtig sein　　**32-**④

☐ 無償でもらえる　⇒ kostenlos bekommen　　**53-**④

🔊 107 　　　　【め】

☐ 命令に従う　　　⇒ dem Befehl Folge leisten　**47-**②

☐ 目の届く限り　　⇒ soweit das Auge reicht　　**64-**①

🔊 108 　　　　【も】

☐ 申し訳ありませんが　⇒ zum Bedauern　　　**59-**⑧

☐ 木材でできている　⇒ aus Holz bestehen　　**8-**①

☐ 最も有効な手段　　⇒ das wirksamste Mittel　**6-**⑧

🔊 109 【や】

□ 約束を守る	⇒ das Versprechen halten	**61-**①
□ 約2週間	⇒ ungefähr 2 Wochen	**12-**⑤
□ 安らかに死ぬ	⇒ in Frieden sterben	**1-**⑥
□ 山へ行く	⇒ ins Gebirge gehen	**2-**②

🔊 110 【ゆ】

□ 憂鬱になる	⇒ in Schwermut verfallen	**3-**②
□ 勇敢に戦う	⇒ tapfer kämpfen	**4-**①

🔊 111 【よ】

□ 容易に解決できる	⇒ sich leicht lösen lassen	**40-**⑤
□ 用紙に記入する	⇒ das Formular ausfüllen	**55-**⑧
□ よく売れる	⇒ sich gut verkaufen	**40-**③

□翌日	⇒ am nächsten Tag	3-①
□よく知っている	⇒ Bescheid wissen	52-⑥
□夜遅く	⇒ in der späten Nacht	66-②
□喜んでいる	⇒ über 4格 erfreut sein	23-⑤

🔊 112

【ら】

□来週	⇒ in der kommenden Wo-che	18-③
□来週の今日	⇒ heute in acht Tagen	1-③
□来年の夏	⇒ nächsten Sommer	12-⑤
□ラッキーだ	⇒ Glück haben	60-③

🔊 113

【り】

□理解し合っている	⇒ sich mit 3格 verstehen	21-⑥
□流行遅れになる	⇒ aus der Mode kommen	2-⑥

□両親が喜んだことに ⇒ zur Freude der Eltern **4-**⑤

□旅行に参加する ⇒ an der Reise teilnehmen **28-**⑦

🔊 114　　　　　　　【れ】

□礼儀正しく振舞う ⇒ sich höflich benehmen **13-**⑦

□レーサーになる ⇒ Rennfahrer werden **8-**⑦

🔊 115　　　　　　　【ろ】

□老人の腕の中で ⇒ im Arm eines alten Mannes **1-**⑥

🔊 116　　　　　　　【わ】

□ワールドカップで優勝する ⇒ die Weltmeisterschaft gewinnen **65-**⑧

□わが社の最新の機種 ⇒ das neueste Modell unserer Firma **6-**②

□別れも告げないで ⇒ ohne sich zu verabschieden **75-**④

アルファベット順

新出単語索引

※索引には、単語がどの課で出てきたのか分かるように、初出の課・例文の番号を記しています。

【品詞】

男 …… 男性名詞　　**女** …… 女性名詞

中 …… 中性名詞　　**複** …… 複数形

男／女／形 …… 男性名詞／女性名詞／形容詞変化

アルファベット順 新出単語索引

アルファベット順 新出単語索引

アルファベット順 新出単語索引

アルファベット順 新出単語索引

アルファベット順 新出単語索引

アルファベット順 新出単語索引

(233)

アルファベット順 新出単語索引

アルファベット順 新出単語索引

アルファベット順 新出単語索引

著者　**橋本 政義**（はしもと まさよし）

京都外国語大学教授。専門はドイツ語学、対照言語学。主要著書に、
『副文・関係代名詞・関係副詞（ドイツ語文法シリーズ第9巻）』
（大学書林、共著）、『名詞・代名詞・形容詞（ドイツ語文法シリー
ズ第2巻）』（大学書林、共著）、『ドイツ語名詞の性の話』（大学
書林）、『アクセス独和辞典』（三修社、共著）、『アクセス和独辞典』（
三修社、共著）、『ドイツ語会話厳選パターンフレーズ80』（国際語
学社）、『会話と作文に役立つドイツ語定型表現365』（三修社）、『ひ
とりで学べるドイツ語 文法の基本がしっかり身につく』（三修社）、
『改訂新版 口を鍛えるドイツ語作文—基本文型習得メソッド—初級
編』（コスモピア）などがある。

改訂新版 口を鍛えるドイツ語作文
—応用文型習得メソッド— 中・上級編

2023年9月5日　　第1版第1刷発行

著者：橋本 政義

装丁：松本 田鶴子
カバー・本文イラスト：choconasu/AdobeStock

編集協力：中橋京香、田中和也

発行人：坂本由子
発行所：コスモピア株式会社
　　　　〒151-0053　東京都渋谷区代々木 4-36-4　MC ビル 2F
営業部：TEL: 03-5302-8378 email: mas@cosmopier.com
編集部：TEL: 03-5302-8379 email: editorial@cosmopier.com

https://www.cosmopier.com/　［コスモピア・全般］
https://e-st.cosmopier.com/　［コスモピア e ステーション］
https://kids-ebc.com/　　　　［子ども英語ブッククラブ］

印刷：シナノ印刷株式会社
音声編集：株式会社メディアスタイリスト

ご意見・ご感想は
こちらから↓

https://forms.gle/
FMPHQ7vxX6Ab35uK8